Berchtesgadener Land und Steinernes Meer

Walter Theil

 GPX-Daten zum Download

www.kompass.de/wanderfuehrer

Kostenloser Download der GPX-Daten der im
Wanderführer enthaltenen Wandertouren.

AUTOR

Walter Theil • lebt seit vielen Jahren im Chiemgauer Voralpenland und kennt die südostbayerische Landschaft sowie die angrenzenden österreichischen Gebiete von unzähligen Wander- und Radtouren.

Der aktive Bergsteiger und Radfahrer ist seit mehreren Jahrzehnten im touristischen Verlagsbereich tätig und Autor diverser Wander- und Radführer, darunter WF Chiemgau, WF Kaisergebirge, WF Rund um den Königssee, RF Bodensee-Königssee-Radweg.

VORWORT

Das Berchtesgadener Land ist ein zum Großteil alpin geprägter Gebirgsraum. Charakteristisch sind die imposanten Gebirgsstöcke der Reiteralpe, des Lattengebirges, des Untersbergs, des Hochkalter- und des Watzmannmassivs sowie des Steinernen Meeres, des Hagengebirges und des Hohen Göll.

Das Herz des Berchtesgadener Landes ist heute in einem Nationalpark zusammengefasst, und damit wurde die Voraussetzung geschaffen, diese Naturlandschaft in seiner Ursprünglichkeit möglichst lange zu erhalten. Die traditionell intensive Land- und Forstwirtschaft bleibt auf wenige leicht erreichbare Gebiete beschränkt und die Almwirtschaft präsentiert sich heute in vielen Fällen als willkommener Stützpunkt für den Touristen und Wanderer. Ein gut markiertes Wegenetz, leicht erreichbare Hütten und abwechslungsreiche Wege, Pfade und Steige lassen kaum einen Wunsch offen. Die in diesem Führer vorgestellten Touren bieten Ihnen das ganze Spektrum dieser herrlichen Gebirgslandschaft.

Viel Spaß und viele schöne Tage im Berchtesgadener Land.

INHALT UND TOURENÜBERSICHT

AUFTAKT
Vorwort 2
Inhalt und Tourenübersicht 4
Gebietsübersichtskarte 10
Das Gebiet 12
Allgemeine Tourenhinweise 15
Meine Highlights 16

Tour		Seite	
01	Hoher Göll über Purtschellerhaus	18	
02	Hoher Göll über Kehlsteinhaus	20	
03	Hohes Brett über Stahlhaus	22	
04	Jenner	24	
05	Schneibstein über Stahlhaus	26	
06	Gotzenalm über Reitsteig	30	
07	Gotzenalm über Kaunersteig	32	
08	Malerwinkel-Rundweg	34	
09	Grünstein	36	
10	Kührointhütte über Rinnkendlsteig	38	

Hochbetrieb im Gasthaus Schlegelmulde.

ANHANG
Alles außer Wandern 160
Hütten, Almen, Berggasthöfe ... 164
Bergbahnen 167
Übernachtungsverzeichnis 168
Orte/Tourismusbüros 170
Register 172

km	h	hm	hm											Karte
8,75	7:00	1343	1343	✓				✓	✓			✓		14
7,50	6:00	689	689	✓	✓				✓					14
9,25	4:45	661	1155	✓	✓	✓		✓				✓		14
9,50	5:00	784	784	✓				✓	✓					14
7,50	4:00	680	680	✓	✓	✓		✓	✓					14
14	5:45	1152	1152	✓	✓			✓				✓		14
12	6:00	1081	1081	✓	✓			✓				✓		14
3,75	2:15	201	201	✓	✓			✓						14
7,50	4:00	700	700	✓	✓			✓	✓					14
10	5:00	830	830	✓	✓			✓				✓		14

Der Grünstein ist ein Aussichtspunkt der Extra-Klasse.

INHALT UND TOURENÜBERSICHT

Tour		Seite	
11	Berchtesgadener Hochthron über Zehnkaser	42	
12	Berchtesgadener-Hochthron-Runde	44	
13	Toni-Lenz-Hütte und Schellenberger Eishöhle	48	
14	Salzburger Hochthron	50	
15	Salzburger-Hochthron-Runde	52	
16	Predigtstuhl über Waxriessteig	56	
17	Predigtstuhl – Hochschlegel – Karkopf – Dreisesselberg	58	
18	Steinerne Agnes	60	
19	Dötzenkopf – Wappachkopf	62	
20	Hochstaufen über die Steinernen Jäger	64	
21	Hochstaufen über die Steineralm	68	
22	Hochstaufen über die Padingeralm	70	
23	Zennokopf – Zwiesel – Gamsknogel	72	
24	Pflasterbachhörndl – Rabensteinhorn-Umrundung	76	
25	Aschauer Klamm	80	
26	Neue Traunsteiner Hütte über den Wachterlsteig	82	
27	Neue Traunsteiner Hütte über den Schrecksteig	86	
28	Weitschartenkopf – Großer Bruder	88	
29	Großes und Kleines Häuselhorn	90	
30	Wagendrischelhorn	93	
31	Edelweißlahnerkopf	96	
32	Neue Traunsteiner Hütte über die Eisbergscharte	98	
33	Reiter Steinberge über den Böslsteig	102	
34	Blaueishütte	106	
35	Schärtenspitze	108	

km	h	hm	hm	🅿	🚌	🚠	🍴	⛰	❄	🚲	🛏	Karte
15	6:30	1293	1293	✓	✓		✓	✓			✓	14
15	6:15	1272	1272	✓			✓	✓			✓	14
11	5:15	1090	1090	✓	✓		✓				✓	14
3	2:45	209	209	✓	✓	✓	✓	✓			✓	14
11,25	8:00	1502	1502	✓	✓		✓	✓			✓	14
8,45	5:00	1121	1121	✓	✓		✓	✓			✓	14
7,25	3:30	467	467	✓	✓	✓	✓	✓			✓	14
10,25	4:45	607	607	✓	✓							14
8,25	2:45	656	656	✓	✓			✓				14
10,5	7:00	1281	1281	✓			✓	✓			✓	14
14,5	7:00	1271	1271	✓			✓	✓			✓	14
8,25	5:30	1104	1104	✓			✓	✓			✓	14
9,45	5:00	1054	1054	✓			✓	✓			✓	14
13	5:15	820	820	✓	✓		✓	✓				14
10,25	4:00	340	340	✓				✓			✓	14
13	5:30	677	677	✓	✓			✓			✓	14
14	6:00	1045	1045	✓				✓			✓	14
7,45	2:45	589	589					✓			✓	14
9	5:30	804	804					✓			✓	14
8	5:00	694	694					✓			✓	14
8	3:30	430	430					✓			✓	14
9	5:00	867	100	✓	✓						✓	14
8	6:30	1301	1301	✓	✓			✓			✓	14
10,5	4:15	880	880	✓	✓		✓				✓	14
3	2:30	473	473					✓			✓	14

INHALT UND TOURENÜBERSICHT

Tour		Seite	
36	Schärtenspitze über die Eisbodenscharte	110	⟳
37	Hochalmscharte – Hochalm	114	⟳
38	Hochkalter über den Schönen Fleck	116	⇅
39	Hochkalter über das Ofental	118	⇅
40	Watzmannhaus	122	⟳ 🙂
41	Hocheck – Watzmann-Mittelspitze	126	⇅
42	Kärlingerhaus über die Saugasse	128	⟳ 🙂
43	Kärlingerhaus über den Sagereckersteig	132	⟳ 🙂
44	Kärlingerhaus über die Wasseralm	136	⇅ 🙂
45	Halsköpfl-Rundtour	140	⟳
46	Kärlingerhaus – Riemannhaus	144	⇅ 🙂
47	Riemannhaus – Ingolstädter Haus	148	⇅ 🙂
48	Großer Hundstod	152	⇅
49	Ingolstädter Haus – Kärlingerhaus	154	⇅ 🙂
50	Viehkogel	158	⇅ 🙂

Rast am oberen Ende des Mannlgrates.

km	h	hm	hm												Karte
12,25	7:45	1473	1473	✓	✓			✓	✓			✓			14
11,75	5:15	949	949	✓	✓			✓							14
6,75	6:00	927	927						✓			✓			14
17,5	8:00	1807	1807	✓	✓				✓						14
15	6:30	1300	1300	✓	✓			✓				✓			14
7	5:00	805	805						✓			✓			14
18	6:45	1106	1106	✓	✓			✓				✓			14
15,5	7:00	1232	1232	✓	✓			✓				✓			14
13,25	6:15	1336	310	✓	✓			✓				✓			14
14,5	6:45	1156	1156	✓				✓	✓			✓			14
6	2:30	592	45					✓				✓			12,30
6,5	2:45	257	315					✓				✓			12,30
3	2:45	475	475						✓			✓			14
5,5	2:30	94	583					✓				✓			14
6	3:15	532	532						✓			✓			14

Ausblick vom Dötzenkopf über Reichenhall hinüber zum Hochstaufen.

DAS GEBIET

Die Berchtesgadener Alpen, die ein Bestandteil der Nördlichen Kalkalpen sind, werden geprägt duch tief liegende Täler, ausgedehnte Hochplateaus und schroffe Gipfelregionen. Während der besonders in den Hochgebirgslagen anzutreffende Dachsteinkalk durch seine starke Verkarstung zur Höhlenbildung (vor allem am Untersberg) beigetragen hat, besteht der Sockel der Gebirgsmassive aus Dolomitgestein, das durch eiszeitliche Gletscherentwicklungen zu imposanten Trogtälern ausgeschliffen wurde (wie beim Königssee) oder infolge der Verwitterung zu riesigen Schutttälern führte (besonders gut im Wimbachtal zu erkennen).

Außer dem Watzmann und dem Lattengebirge, die ausschließlich auf deutschem Boden liegen, werden alle anderen Gebirgszüge von der Landesgrenze zwischen Österreich und Deutschland durchzogen. Die Saalach trennt die Berchtesgadener im Westen von den Chiemgauer und Loferer und Leoganger Bergen, die Salzach bildet im Osten die Grenze.

Der Nationalpark Berchtesgaden

210 km^2 umfasst der im Jahre 1978 gegründete Nationalpark Berchtesgaden, der den Südteil des Alpenparks bildet. Er entspricht in etwa dem früheren Naturschutzgebiet Königssee, das bereits 1910 unter Schutz gestellt wurde. Die Ziele der Nationalparkverwaltung – zum einen die Natur, Flora und Fauna sich weitgehend ungestört entwickeln zu lassen, zum anderen den Menschen diese Natur zur Erholung zur Verfü-

Unterwegs im Nationalpark Berchtesgaden, bei Ramsau am Hintersee.

gung zu stellen – hat dazu geführt, dass kaum ein anderes Erholungsgebiet so gut wissenschaftlich untersucht, so hervorragend erschlossen und so umfassend mit Informationen über die Zusammenhänge zwischen Mensch und Natur ausgestattet ist.

Infos sind erhältlich bei:
Nationalpark-Haus Berchtesgaden, Franziskanerplatz 7, 83471 Berchtesgaden, Tel. 08652/64343, Fax -/69434; sowie bei den Nationalpark-Infostellen: Hintersee, 83486 Ramsau, Tel. 08657/1431; Wimbachbrücke, 83486 Ramsau, Wimbachweg 2, St. Bartholomä, 83471 Schönau a. K. und bei der Nationalparkverwaltung Berchtesgaden, Doktorberg 6, 83471 Berchtesgaden, Tel. 08652/96860, Fax -/968640, www.nationalpark-berchtesgaden.de.

Das Urlaubs- und Wandergebiet Berchtesgadener Land

Die landschaftliche Vielfalt der Berchtesgadener Alpen bietet sowohl dem Spaziergänger wie dem ambitionierten Bergwanderer eine Vielzahl ganz unterschiedlicher Möglichkeiten. Das Angebot an Seen (Königssee, Taubensee, Hintersee) und Klammen, an bewirtschafteten Almen (Gotzenalm, Kührointalm) und Hütten ist riesig und vielfältig.

Mit Hilfe der Seilbahnen lassen sich am Jenner und Predigtstuhl sowie am Untersberg leichte Halbtages- und Tagestouren durchführen, unter Benützung der Unterkunftshäuser auf der Reiter Alm und im Steinernen Meer können

Anspruchsvolle Touren bietet der Hohe Göll.

auch lange und abwechslungsreiche Mehrtagesunternehmungen durchgeführt werden. Die Kombination von Bootsfahrt und Bergtour hat rund um den Königssee natürlich einen ganz besonderen Reiz – und ist nicht nur für Kinder und Familien eine zusätzliche Motivation.

Für den engagierten Berggeher sind die Überschreitungen am Hohen Göll, im Hochkaltergebiet, am Watzmann, auf der Reiter Alm und im Steinernen Meer durchaus lohnende Herausforderungen.

DAS GEBIET

Ein besonderes Merkmal des Berchtesgadener Wandergebietes sind die mannigfaltigen Themenwege, die zu verschiedensten Aspekten der Berchtesgadener Geschichte, Kultur und Landschaft angelegt sind und Wanderungen auf vergnügliche Art zu lehrreichen Erlebnissen werden lassen.
Beispiele dafür sind:
- Historischer Rundgang (Berchtesgaden, Bad Reichenhall)
- Schlösserwanderungen (Gruttenstein, Marzoll, Karlstein)
- Naturlehrpfad Zauberwald (bei Ramsau-Hintersee)
- Salzhandelsweg Hintersee-Weißbach
- Ramsauer Malerweg (Hintersee)
- Sagen-Wanderungen (Roßfeldstraße, Oberau)
- Soleleitungsweg (Ramsau–Ilsank)
- Wasserpfad-Naturerlebnis-Rundwanderweg (Bayerisch-Gmain)

St. Pankratz mit Burgruine Karlstein, bei Bad Reichenhall.

ALLGEMEINE TOURENHINWEISE

SCHWIERIGKEITSGRADE

■ LEICHT
In der Regel gut angelegte und gut markierte (Berg-)Wege ohne echte Gefahrenstellen, die jedermann begehen kann. Das schließt aber kurze, kräftige Steigungen nicht aus. Auch für alpine Anfänger geeignet.

■ MITTEL
Wege und Steige in felsigem, hochalpinem Gelände, die teils mit Leitern und Drahtseilen versehen sind. Ein Mindestmaß an alpiner Erfahrung, Trittsicherheit und vor allem festes Schuhwerk sollten nicht fehlen.

■ SCHWER
Anspruchsvolle, z.T. auch recht lange Bergtouren mit teils ausgesetzten und auch gefährlichen Stellen. Kondition, Schwindelfreiheit sowie Trittsicherheit sind ebenso notwendig wie die richtige Ausrüstung.

HINWEIS

Gehzeiten und Schwierigkeitsbewertungen können nur Richtwerte sein. Objektive Faktoren wie das Wetter und individuelle Voraussetzungen gilt es zu berücksichtigen!

BERGBAHNEN / SCHIFFFAHRT

Mehrere Touren sind in Verbindung mit Bergbahnen (Infos S. 167) und der Königssee-Schifffahrt möglich. Bitte erkundigen Sie sich vorab über Betriebszeiten und Fahrpläne.

EINKEHRMÖGLICHKEITEN

Das Einkehrsymbol bezieht sich auf Einkehrmöglichkeiten unterwegs. Da sich die Öffnungszeiten saisonal und regional sehr unterscheiden, sollten Sie sich vorab über Übernachtungs- und Einkehrmöglichkeiten informieren. Infos S. 164–166.

👑 MEINE LIEBLINGSTOUR

Das Berchtesgadener Land bietet einige Highlights, meine besondere Lieblingstour ist die große Rundtour am südlichen Ende des Königssees, (Tour 45) die über den Obersee, die Wasseralm und das Halsköpfl nicht nur grandiose Landschaftseindrücke und herrliche Aussichten bietet, sondern auch durch die beiden Steige im An- und Abstieg sportliche Herausforderungen stellt.

Und wer es weniger anstrengend mag, der kann durch Übernachten auf der Wasseralm die Tour in zwei gemütliche Tagesetappen aufteilen.

Ober- und Königssee vom Röthsteig.

MEINE HIGHLIGHTS

⭐ **1:** Das im Sommer selten besuchte und einsame Ofental zum Hochkalter → Tour 39, Seite 118

⭐ **2:** Klettersteigpassage am Schustersteig am Hohen Göll → Tour 1, Seite 18

⭐ **3:** Ein wunderbares Tourengebiet: die Reiteralpe; Blick zur prägnanten Eisbergscharte → Tour 32, Seite 98

⭐ **4:** Im Herzen des Berchtesgadener Landes, am Königssee, mit Blick nach St. Bartholomä → Tour 44 , Seite 136

⭐ **5:** Gipfelrast auf dem beliebten Gamsknogel → Tour 23, Seite 72

4

5

HOHER GÖLL • 2522 m

Klettersteigvarianten über dem Purtschellerhaus

  8,75 km 7:00 h 1343 hm 1343 hm 14

START | Enzianhütte, die an der (mautpflichtigen) Roßfeldstraße in Berchtesgaden liegt, kleiner Parkplatz.
[GPS: UTM Zone 33 x: 354.810 m y: 5.275.700 m]
CHARAKTER | Bis zum Purtschellerhaus bequemer Wanderweg, anschließend zwei Klettersteigwege (steil, ausgesetzt, mit Stiften und Drahtseilen versichert), schottriger Gipfelkammweg zum Schluss. Klettersteigausrüstung wird empfohlen, Bergerfahrung vorausgesetzt.

Das Purtschellerhaus ist ein leichtes Tourenziel. Der Weiterweg zum Hohen Göll bleibt aber ab Erreichen des ersten Felsriegels – nicht weit oberhalb der Hütte – dem Erfahrenen vorbehalten!

▶ Auf der Roßfeldstraße hochfahren, bis kurz nach dem Schild Ofnerboden und direkt bei einem 1200-m-Schild rechts die **Enzianhütte** 01 auftaucht. Hinter der kleinen Hütte folgen wir auf dem Kiesweg dem Schild „Purtschellerhaus".

Kurz vor der Mannlscharte.

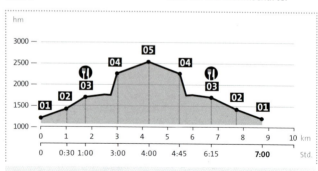

01 Enzianhütte, 1200 m; 02 Eckersattel, 1413 m; 03 Purtschellerhaus, 1692 m; 04 Mannlscharte, 2245 m; 05 Hoher Göll, 2522 m

Am **Eckersattel** 02 (Kreuz/Bank) treffen wir auf den Weg, der links vom Ahornkaser/Roßfeld herabführt und wählen für den Aufstieg den „Deutschen Weg", der rechts zum Waldrand hochführt und dann über im Jahre 2012 angebrachte Holzstufen recht steil ansteigt.

Das letzte Stück wieder auf Naturboden, erreichen wir das **Purtschellerhaus** 03. Direkt hinter dem Haus führt ein schmaler Pfad durch Wiesen hoch, und über den aussichtsreichen grünen Grat queren wir Richtung Felsen. Es wird steiler und felsiger, der Weg fällt nach der ersten Steilstufe nach rechts kurz ab, man quert unterhalb eines Felsriegels (herrlicher Blick zum Kehlsteinhaus und Mannlgrat). Über gut gestuften Fels und schottrige Pfade, die teils ausgesetzt am Fels entlangführen gelangt man über mehrere Absätze – mit kurzen Flachpassagen – zu einem Marterl und zum ersten Drahtseil. Recht steil hoch und unterhalb eines geschmiedeten Kreuzes nach links, bei einem Felskopf erneut links hinüber zu Eisenstiften, die den Anstieg nach oben markieren. Nach dieser felsigen Steilstufe kommen wir zu einer Verzweigung, links der **Kaminweg**, rechts der **Schustersteig**. Über den mit Eisenstiften und Drahtseilen versicherten Schustersteig erreichen wir bald die Verzweigung mit dem Mannlgrat, die **Mannlscharte** 04.
Von hier geht es relativ flach und schottrig in ca. 45 Min. über den Kammrücken zum markanten Gipfelkreuz des **Hohen Göll** 05.

Abstieg Kurz vor der **Mannlscharte** 04 wählen wir nun die Variante nach rechts: den Kaminweg. Der erste (Kamin-)Teil ist sehr

Die Holzstufen des „Deutschen Weges" zum Purtschellerhaus.

steil (Stifte, Drahtseil), aber gut gestuft. Anschließend quert man über plattigen Fels wieder zum Grat mit dem Kreuz. Auf dem Anstiegsweg weiter abwärts, wo beim Übergang vom Fels zum Wiesenrücken bereits das **Purtschellerhaus** 03 sichtbar wird. Über den etwas längeren „Österreicherweg" gelangen wir in einer großen Linkskehre zurück zum **Eckersattel** 02 und folgen dann dem gekiesten Fahrweg hinab zum Ausgangspunkt.

HOHER GÖLL • 2522 m

Der Mannlsteig: Spektakuläres „Gratwandern"

  7,5 km 6:00 h 689 hm ◈ 689 hm ▣ 14

START | Kehlsteinhaus, 1834 m; von Berchtesgaden mit PKW bis Parkplatz Hintereck am Obersalzberg, dann mit Bus zum Kehlsteinhaus [GPS: UTM Zone 33 x: 352.870 m y: 5.277.100 m]
CHARAKTER | Gut versicherter, aber teilweise ausgesetzter Steig, der Schwindelfreiheit, Trittsicherheit und vor allem eine gute Kondition verlangt. Der Schlussanstieg über die Göllleiten ist dann eher problemlos. Klettersteigausrüstung und entsprechende alpine Erfahrung ist empfehlenswert.

Der Mannlgrat ist für geübte Berggeher, die es gewohnt sind, die Hände zu Hilfe zu nehmen. Schon der Weg zum Ausgangspunkt ist eine Attraktion. Zuerst mit dem Bus auf der für den öffentlichen Verkehr gesperrten Serpentinenstraße und dann im Fahrstuhl hoch ins Kehlsteinhaus.

▶ Hinter dem **Kehlsteinhaus** 01 durchquert man auf dem beschilderten Kehlstein-Rundweg eine imposante Felskulisse und gelangt zum Beginn des eigentlichen **Mannlsteiges**, der durch ein „Nur für Geübte"-Schild nochmals auf seine Schwierigkeit aufmerksam macht. Anfangs steigt man noch durch Latschengestrüpp direkt

Oberhalb des Kehlsteinhauses.

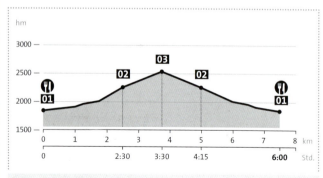

01 Kehlsteinhaus, 1834 m; 02 Mannlscharte, 2245 m; 03 Hoher Göll, 2522 m;

über den Grat auf. Anschließend quert man die Mannlköpfe mal auf der linken, mal auf der rechten Seite. Der Weiterweg wird felsiger und schwieriger. Steile, ausgesetzte Stellen mit Drahtseilsicherungen und Stiften führen nach oben – hin und wieder mit kleineren Abstiegen dazwischen. Etliche plattige Felsstufen verlangen konzentriertes Steigen, besonders bei feuchten Witterungsbedingungen.

An der **Mannlscharte 02** sind die größten Schwierigkeiten vorbei, der Weiterweg führt in steilen Kehren über den Schrofen- und Schotterhang zur Verzweigung mit den vom Purtschellerhaus heraufkommenden Anstiegsweg, der als Alternativabstieg gewählt werden kann (Rückfahrt zum Obersalzberg organisieren!). Über die gerölligen Göllleiten marschiert man in einer Dreiviertelstunde nur schwach ansteigend zum Gipfel des **Hohen Göll 03** weiter.

Nach dem kräftezehrenden Mannlsteig ist der Gipfelweg über den Göllrücken eine fast erholsame

Am Mannlsteig.

Schlussetappe, bei der man die Aussicht genießen kann.

Abstieg Man sollte einkalkulieren, dass man am Mannlsteig sehr oft erheblichen Gegenverkehr hat. Und auf keinen Fall sollte der letzte Bus ab Kehlsteinhaus verpasst werden, wenn man nicht einen zusätzlichen, langen und anstrengenden Fußmarsch machen will.

HOHES BRETT • 2340 m

Aussichtsgipfel mit Aufstiegs- und Abstiegshilfe

  9,25 km 4:45 h 661 hm 1155 hm 14

START | Jennerbahn-Bergstation, 1802 m, Parken an der Talstation
[GPS: UTM Zone 33 x: 348.900 m y: 5.272.800 m]
CHARAKTER | Bergtour durch Latschengelände und mit felsig-geröligen Pfad- und Steigabschnitten (zwei drahtseilgesicherte Passagen im Anstieg zum Jägerkreuz).

Der breite und flache Gipfelanstieg zum Hohen Brett.

Wer sich am mächtigen Göll mit seinen Klettersteigen nicht wohl fühlt, findet am Hohen Brett ein geeignetes und aussichtsreiches Gipfelziel. Und die Jennerbahn kann als Alternative auch für den Abstieg hergenommen werden.

▶ Bei der **Jenner-Bergstation 01** halten wir uns an die Markierung „Stahlhaus/Schneibsteinhaus" und steigen zuerst in Serpentinen bergab. Im Sattel, kurz nach der Verzweigung mit dem von der Mitterkaseralm hochkommenden Wanderweg, können wir eine Variante wählen, wenn wir nicht im **Stahlhaus 02** einkehren wollen: Wir folgen links den Trittspuren zu einer Liftstation hoch, steigen auf dem schmalen Pfad durch eine Senke und dann in ständigem Auf und Ab hoch, bis wir auf den Originalanstiegsweg vom Stahlhaus hoch stoßen. Bei einer felsigen Scharte (Marterl) geht es kurz abwärts, dort treffen wir auf den **Weg von der Mitterkaseralm 03**, unseren späteren Abstiegsweg.

Über gut gestuften Fels erreicht man wenig später das Schild „**Pfaffenscharte**, 1900 m" **04**. Der deutlich steiler werdende Steig bringt uns nach einer Linkstraverse zu einem Drahtseil, dem wieder eine flachere Linkstraverse folgt. Nach einem weiteren Drahtseilstück steigen wir durch eine schottrige Felsrinne zum **Jägerkreuz 05** hoch (2200 m, Schilder), von wo es nun gemütlicher über den sanft ge-

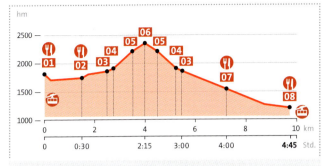

01 Jenner Bergstation, 1802 m; **02** Stahlhaus, 1736 m; **03** Verzw. Mitterkaserweg, 1850 m; **04** Pfaffenscharte, 1900 m; **05** Jägerkreuz, 2200 m; **06** Hohes Brett, 2340 m; **07** Mitterkaseralm, 1534 m; **08** Jenner Mittelstation, 1185 m

neigten Hang zum Gipfel des **Hohen Brett** 06 hinaufgeht.

Abstieg Auf dem Anstiegsweg, bis wir in der Scharte der **Verzweigung** 02 rechts zur Mitterkaseralm folgen. Die ersten Meter führen recht steil abwärts, dann schlängelt sich der gut sichtbare Pfad zunächst auf engen schottrigen Kehren, dann durch Latschengelände bergab in Richtung der bald sichtbaren Mitterkaseralm. Wir überqueren ein Bachbett und über eine felsigen, später gerölligen Pfad erreichen wir die **Mitterkaseralm** 07.

Auf dem breiten Weg wandern wir ab der Hütte in einem großen Linksbogen hinab zur **Mittelstation** 08 und schweben die letzten Meter gemütlich bergab.

JENNER • 1874 m

Der wohl beliebteste Aussichtsgipfel am Königssee

  9,50 km 5:00 h 784 hm 784 hm 14

START | Berchtesgaden/Hinterbrand, Scharitzkehlstraße, erreichbar über den Obersalzberg.
[GPS: UTM Zone 33 x: 351.220 m y: 5.273.170 m]
CHARAKTER | Leicht begehbare Wanderpfade bzw. Wirtschaftswege, am Jennergipfel Holzstufen.

An der Jenner-Bergstation, mit dem Anstiegsweg zum Gipfel.

Der Jenner ist dank seiner Bahn ein begehrtes Ausflugsziel und man wird ihn selten für sich allein haben. Kaum eine andere Stelle bietet so leicht faszinierende Tiefblicke auf den Königssee und herr-

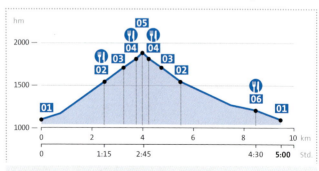

01 Hinterbrand, 1090 m; **02** Mitterkaseralm, 1534 m; **03** Verzw. Stahlhausweg, 1700 m; **04** Jenner Bergstation, 1802 m; **05** Jenner, 1874 m; **06** Jenner Mittelstation, 1185 m

liche Ausblicke auf die umliegende Bergwelt. Eine Vielzahl von Wanderwegen rund um den Jenner lässt aber auch den gehfreudigen Wanderer auf seine Kosten kommen.

▶ Am Ende des Parkplatzes in **Hinterbrand** 01 folgen wir dem schattigen Höhenweg, bis wir auf den breiten Forstweg zur Jenner Mittelstation treffen. Ein paar Meter später zeigt uns ein Schild links hoch den Steig über Krautkaseralm zur Mitteralm. Über ein paar steilere Holzstufen und dann über freies Wiesengelände passieren wir die Krautkaseralm (links) und treffen kurz darauf auf einen breiten Weg beim Sessellift. Hier nehmen wir die Abkürzung, einen Pfad links hoch, der uns in Kehren wieder auf den breiten Weg führt. Auf diesem weiter ansteigend gelangen wir in wenigen Minuten zur bald sichtbaren **Mitterkaseralm** 02.

Man hat nun zwei Möglichkeiten, zur Bergstation, deren Antennen von hier aus schon zu sehen sind, aufzusteigen. Rechts an der Alm vorbei, sofort wieder rechts hoch und dann in einem Linksschwenk direkt auf die Bergstation zu. Oder man hält sich ziemlich geradeaus in den Kessel hinein und steigt über Kehren, die Felsen links umgehend, hinauf zum **Verbindungsweg** 03 vom Stahlhaus. Von dort in ein paar Kehren rechts hinauf zur **Bergstation** 04.

In einer Viertelstunde gelangt man auf den Gipfel des **Jenner** 05, die letzten Meter über Holzstufen; vorher kann man noch auf einer Aussichtsplattform mit Fernrohr schöne Tiefblicke zum Königssee genießen.

Abstieg Wir bleiben nach der **Mitterkaseralm** 02 auf dem bequemeren Hauptweg, der in einer großen Rechtskehre zur **Mittelstation** 06 und von dort auf dem Anstiegsweg zurück nach **Hinterbrand** 01 führt.

SCHNEIBSTEIN • 2276 m

Ein leichter und schneller Zweitausender

 7,5 km 4:00 h 680 hm 680 hm 14

START | Jenner-Bergstation, 1802 m, Parken an der Talstation
[GPS: UTM Zone 33 x: 348.900 m y: 5.272.800 m]
CHARAKTER | Problemlose Wanderpfade, im Gipfelbereich etwas schrofig und felsdurchsetzt.

Felsigere Passage beim Aufstieg zum Schneibstein, unten ist das Stahlhaus und der erste Teil des Anstiegsweges zu sehen.

01 Jenner Bergstation, 1802 m; **02** Carl-von-Stahlhaus, 1736 m;
03 Schneibstein, 2276 m

Dank der Jennerbahn bleiben mit einem kleinen Zwischenabstieg gerade mal etwa 600 Höhenmeter für einen leichten und schnellen Aufstieg auf einen herrlichen Aussichtsberg übrig.

Während der Wanderung über die freien und schön geneigten Hänge versteht man auch, warum dieser Weg Teil einer viel begangenen Skitour ist: die „Kleine Reib'n".

▶ Nach der gut 20-minütigen Gondelfahrt gehen wir von der **Bergstation 01** (1802 m) zuerst in die Einsattelung zwischen Jenner und Pfaffenkegel hinab und dann mühelos zum **Carl-von-Stahlhaus 02** (1736 m) hinüber, das im Torrener Joch liegt.
Von dort bietet sich eine schöne Sicht auf die Salzburger (Bluntautal) und auf die Berchtesgadener Seite (Königsbachtal).

Das Carl-von Stahlhaus.

Auf einem steilen und felsigeren Pfad steigt man rechts an, wandert man zunächst durch Latschen über flachere und felsenübersäte Absätze nach oben, teils unterstützt durch Stein- und Holzstufen. Bei Sonnenschein wird es auf diesem felsigen Abschnitt ordentlich schweißtreibend.

Nach einer Art Schuttkar traversiert man das felsige Terrain nach rechts (schöner Blick zum Jenner und hinüber ins Steinerne Meer) und hält sich dann am teils schrofigen Grat links, wo es über den breiten Rücken bequem, aber oft recht windig, hinauf zum Gipfelplateau des **Schneibsteins** 03 (mit seinen zwei Gipfelkreuzen) geht.

Abstieg Verläuft auf dem Anstiegsweg. Wen es aber doch nach etwas mehr „Action" verlangt, dem sei der rund anderthalb bzw. zweistündige Abstiegsweg über das Schneibsteinhaus empfohlen, der über die Königsbachalm zur Mittel- oder Talstation der Jennerbahn hinabführt.

Bild rechts: Das breite Gipfelplateau des Schneibsteins.

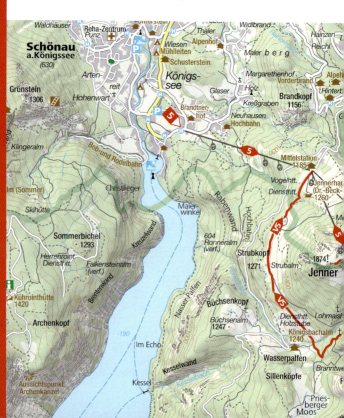

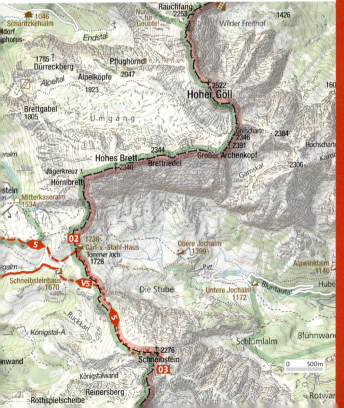

GOTZENALM • 1685 m
Über den Reitsteig und den Feuerpalfen (1741 m)

  14 km 5:45 h 1152 hm  1152 hm 14

START | Königssee (Parkplatz), mit dem Schiff zur Anlegestelle „Kessel", 604 m [GPS: UTM Zone 33 x: 348.900 m y: 5.272.800 m]
CHARAKTER | Der Reitsteig ist ein gut angelegter Waldpfad, mit teilweise steileren Passagen, ab der Gotzentalalm breiter, kehrenreicher Wirtschaftsweg.

Der Königssee bietet dem Bergwanderer vielfältige Möglichkeiten, die Kombination von Wasser und Bergen zu nutzen und mit dem Schiff zur Bergtour aufzubrechen.

Der Reitsteig ist der kürzeste und schnellste Zugang zur einladenden Gotzenalm und zur geländergesicherten Feuerpalfen-Aussichtsplattform, die einem das Watzmannmassiv wie auf dem Präsentierteller bietet und mit einem atemberaubenden Tiefblick auf den Königssee und zur Halbinsel St. Bartholomä aufwartet.

▶ Ausgangspunkt unserer Wanderung ist die Bedarfsanlegestelle „**Kessel**" 01 , der erste Haltepunkt der Königsseeschiffe. Zuerst in südlicher Richtung parallel zum Ufer und dann in weiten, teilweise steilen Kehren durch den Wald hinauf.

Nach etwa 1:30 Std. trifft man bei der **Gotzentalalm** 02 (1110 m) auf den breiten Weg, der über die Königsbachalm und die Mittelstation des Jenner nach Hinterbrand führt. Nicht selten wird man ab hier von Mountainbikern beglei-

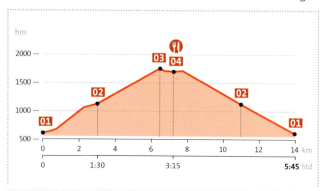

01 Königssee Kessel, 604 m; 02 Gotzentalalm, 1110 m; 03 Feuerpalfen, 1741 m; 04 Gotzenalm, 1685 m

Blick von der Gotzenalm zum Kahlersberg.

tet bzw. begegnet ihnen bei der Abfahrt. Wir halten uns rechts und steigen in steilen Serpentinen bis zu einem flacheren Zwischenstück an. Dann folgt nochmals ein steiler Abschnitt, der uns zur Hochfläche der Gotzenalm hinauf bringt. Direkt am Rand des Plateaus leitet nach rechts ein kleiner Pfad über die Wiesen zum **Feuerpalfen** 03 hinüber, zuerst ansteigend zum Warteckkamm (1741 m), dann etwas fallend zu einem mit einem Geländer versehenen Aussichtspunkt.

Wieder zurück auf dem Anstiegsweg wandern wir in wenigen Minuten zur **Gotzenalm** 04 hinüber.

Abstieg Wer die Wanderung mit einer Bootsfahrt ausklingen lassen will, sollte sich rechtzeitig um die Abfahrtszeiten der Schiffe kümmern und denselben Weg als Abstieg wählen. Alternativ kann man aber auch bequem – in gut 3 Std. – nach Königssee und zum Ausgangspunkt zurückwandern.

GOTZENALM • 1685 m

Über den Kaunersteig und die Regenalm

 12 km 6:00 h 1081 hm 1081 hm 14

START | Königssee (Parkplatz), mit dem Schiff zur Anlegestelle „Salet", 604 m [GPS: UTM Zone 33 x: 348.900 m y: 5.272.800 m]
CHARAKTER | Der Kaunersteig verläuft im Wald über steilere Serpentinen (Holztreppen, Drahtseilsicherungen), danach bequeme Pfade und Wanderwege.

Rast vor der Regenalm.

▶ Nach der viertelstündigen Bootsfahrt folgen wir in **Salet** 01 dem Schild nach links (Kaunersteig – Regenalm – Gotzenalm, Nr. 492). Zuerst am Seeufer entlang, dann steiler werdend rechts hoch in den Wald hinein. Auf schattigem Waldpfad, teilweise in engen, steilen Serpentinen (mit vielen Holztreppen, an steileren Stellen zusätzlich mit Drahtseil versehen) halten wir uns in Richtung Felsen. Nach Überwindung dieser anstrengenden Passage wird der Weg flacher, man traversiert eine Geröllhalde und folgt dem bequemeren Steig durch dichten Wald. Nach ca. 2. Std. erreicht man die Hochfläche, kommt in die Sonne und passiert etwa 30 Min. später die **Regenalm** 02. Wir folgen jetzt dem aussichtsreichen und fast ebenen Höhenweg (493), der uns zur **Gotzenalm** 03 bringt.
Einen grandiosen Ausblick hat man wenige Meter von der Hütte entfernt, beim Aussichtspunkt Feuerpalfen, kurz vor dem Beginn der steilen Kehren, die ins Gotzental hinabführen.

Abstieg Wollen wir nicht den gleichen Weg zurückgehen, können wir über den Reitsteig auch zur Schiffshaltestelle Kessel hinabsteigen (ca. 2:30 Std.).

01 Königssee Salet, 604 m; **02** Regenalm, 1504 m; **03** Gotzenalm, 1685 m

MALERWINKEL-RUNDWEG • 780 m

Spazierwanderung für Genießer

  3,75 km 2:15 h 201 hm 201 hm 14

START | Königssee (Parkplatz), 604 m
[GPS: UTM Zone 33 x: 348.900 m y: 5.272.800 m]
CHARAKTER | Leichte Rundtour mit herrlichen Aussichtspunkten.

Wer sich nicht auf's Wasser traut und keinen allzu beschwerlichen Fußaufstieg machen möchte, hat dennoch Gelegenheit, einen eindrucksvollen Blick auf den Königssee zu werfen. Und er darf sich sicher sein, dass er diesen Standort mit vielen berühmten Vorfahren teilt, denn seinen Namen hat dieser Fleck nicht von ungefähr bekommen, und bei Rundgängen in Bilderausstellungen zum Thema Landschaftsmalerei wird man diesen Blickwinkel immer wieder erkennen. Und noch häufiger heutzutage auf Fotos!

Der gut 3,5 km lange Malerwinkel-Rundweg ist ein bequemer Spa-

Blick zur Villa Beust. Der Rund-Weg führt direkt daran vorbei.

01 Königssee, 604 m; **02** Villa Beust, 630 m; **03** Malerwinkel, 605 m; **04** Rabenwand, 780 m; **05** Talstation Jennerbahn, 620 m

Der „Malerwinkel"

Eines der wohl bekanntesten deutschen Malermotive dürfte der Königssee mit der Kirche St. Bartholomä sein, und für die der Landschaftsmalerei verpflichteten Künstler war der „Malerwinkel" der obligatorische Standort. Dieses Bild musste fast jeder Maler dieses Genres einmal in seinem Leben gemalt haben. Ab 1836 lag in St. Bartholomä ein – heute leider verschollenes – „Fremdenbuch für Künstler" auf, in das sich bis zum Jahr 1849 bereits über einhundert Maler eingetragen hatten. Unter anderem widmete sich auch der eher als Schriftsteller bekannte Adalbert Stifter in Berchtesgaden mit Erfolg als Autodidakt der Landschaftsmalerei: sein im Jahre 1837 gemaltes Bild „Königssee mit Watzmann" ist in der Österreichischen Galerie in Wien zu betrachten.

zierweg, der ohne nennenswerten Höhenunterschied (es sind selbst mit dem Abstecher zur Rabenwand keine 200 m!) am nördlichen Ufer des Königssees verläuft.

▶ Wir starten in **Königssee** 01 vom Parkplatz aus zur Seelände, halten uns bei den Schifffahrtshäuschen links und folgen dem Schild, das uns zum viel begangenen und gut markierten Rundweg führt. Zuerst leicht ansteigend zur **Villa Beust** 02, dann eben und bei einer Verzweigung kurz rechts abwärts zum so genannten **Malerwinkel** 03. Sitzbänke laden hier zum Verweilen und Schauen ein. Der Blick über den Königssee reicht bis zur rund 4 km entfernt gelegenen Wallfahrtskirche St. Bartholomä.

Zurück und nach rechts weiter auf dem Rundweg erreichen wir leicht ansteigend bei der nächsten Linkskurve erneut einen sehr schönen und aussichtsreichen Rastplatz. Wenn wir zum höchsten Punkt des Rundwegs gelangen, weist uns ein Schild „Rabenwand" nach rechts und ein felsiger Pfad führt uns fast eben zum Aussichtspunkt **Rabenwand** 04. Von vielen wird diese Aussichtswarte (mit Sitzbänken und Stempelstelle) als eine der schönsten am Königssee bezeichnet; eine der am schnellsten und einfachsten zugänglichen ist sie auf jeden Fall.

Wieder zurück zum Rundweg und bequem weiter – nun stets abwärts – Richtung Dorf Königssee. Vorbei an der **Jennerbahn-Talstation** 05 beenden wir unseren gemütlichen Spaziergang am Ausgangspunkt, dem Parkplatz **Königssee**.

GRÜNSTEIN • 1306 m

Über die Grünsteinhütte zum kleinen Watzmann-Bruder

  7,5 km 4:00 h 700 hm 700 hm 14

START | Königssee (Parkplatz), 604 m
[GPS: UTM Zone 33 x: 348.900 m y: 5.272.800 m]
CHARAKTER | Wanderweg im unteren Teil, steilerer und kehrenreicher aber gut zu gehender Waldpfad zur Grünsteinhütte.

Der dem Watzmann vorgelagerte, dicht bewaldete Rücken weist vom Königssee aus gesehen eine recht eindrucksvolle, felsige Seite auf.

Blick über die bekannte Königsseer Bobbahn zum Grünstein.

Ein willkommenes Nahziel für alle Königssee-Besucher, zumal das Gipfelplateau des Grünstein eine ähnlich imposante – aber doch wesentlich schnellere und vor allem einfacher zu erreichende – Aussicht als sein großer und bekannterer Bruder, der Watzmann, bietet.

▶ Vom Parkplatz **Königssee** 01 gehen wir zu den An- und Ablegeplätzen der Königsseeboote. Dort rechts am Ufer entlang, über die überdachte Holzbrücke ans andere Ufer, hinauf zur Straße und dem Schild Richtung Grünstein folgen oder alternativ nach rechts, kurz der Straße entlang, bis nach der

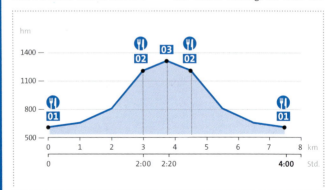

01 Königssee, 604 m; 02 Grünsteinhütte, 1200 m; 03 Grünstein, 1306 m

Kurve ein Schild nach links Richtung „Ramsau/Oberschönau" weist. Wir folgen dem Weg, bis wir auf die Straße treffen, die zur Bobbahn führt. Weiter der Markierung folgend steigen wir auf dem breiten Weg an, bis wir nach einer guten Stunde Gehzeit in Höhe der Startanlage der Bobbahn (links von uns) ankommen. Kurz danach, ein paar Meter nach dem Einstieg zum Grünstein-Klettersteig, weist uns ein Schild nach rechts.

Die Grünsteinhütte.

Der kehrenreiche Pfad verläuft teils im Wald, meist aber steigt er über sonnige Passagen den Klinggraben hoch. Nur wenige Felsstufen und ein paar Sandpassagen verlangen etwas mehr Aufmerksamkeit, im oberen Bereich unterstützen schön angelegte Holzleitern unseren Aufstieg. Bei einer Aussichtsbank bieten sich uns gute Einblicke in den gegenüber liegenden Grünstein-Klettersteig, die Seilbrücke ist deutlich zu erkennen. Nach etwa 45 Minuten erreichen wir Treppenstufen, die uns die letzten Meter hoch zum Wanderweg bringen, der links von der Kührointalm herführt. Wir halten uns rechts und, steigen leicht an und stehen wenige Minuten später vor der meist gut besuchten **Grünsteinhütte** 02. Am mit einem Holzgeländer gesicherten Ausguck können wir einen interessanten Tiefblick zum Königssee hinunter genießen. In einer guten Viertelstunde erreicht man dann auf einem unschwierigen Weg das Gipfelplateau des **Grünstein** 03, das einen beachtlichen Weitblick ins Berchtesgadener Tal und hinüber zum Watzmann gestattet. Auf zwei kleineren Gipfelerhebungen stehen etliche Rastbänke, ein überdachtes Holzkreuz mit Christusfigur und ein Gipfelbuchkasten.

Der **Abstieg** verläuft über den Anstiegsweg. Bei Interesse lässt sich auch nach Erreichen des Kiesweges im unteren Teil ein Abstecher zur Bob- und Rodelbahn machen. Wir steigen dann auf dem Asphaltsträßchen direkt an der Bobbahn entlang zum See ab.

KÜHROINTHÜTTE • 1403 m

Herrlicher Königsseeblick auf dem Rinnkendlsteig

  10 km 5:00 h 830 hm 830 hm 14

START | Königssee (Parkplatz), mit dem Schiff nach „St. Bartholomä", 604 m [GPS: UTM Zone 33 x: 348.900 m y: 5.272.800 m]
CHARAKTER | Der Rinnkendlsteig ist teilweise steil und felsig, aber gut gestuft und an den entscheidenden Stellen mit Drahtseilen und Leitern gesichert.

Auch wenn der Rinnkendlsteig oft als schwer eingestuft wird und nur für Geübte ausgeschildert ist, darf sich meines Erachtens jeder trittsichere und schwindelfreie Berggeher an diesen aussichtsreichen Steig heranwagen. Trotz steiler Passagen bietet der gut gestufte Fels, der überall dort, wo es notwendig ist, mit Drahtseil gesichert ist, keine unüberwindlichen Hindernisse.

▶ Wir starten in **Königssee** 01 und verlassen das Schiff in **St. Bartholomä** 02 und folgen hinter der Kirche dem Schild, das uns nach rechts den Weg zur Kührointhütte weist. Vorbei an einem Holzgebäude, der Übernachtungsmöglichkeit für die Watzmann-Ostwand-Bergsteiger, passieren wir am Seeufer entlang den Gedenkstein für die „edle Prinzessin Marie Gabriele" und halten uns weiter rechts.

Kurz darauf beginnt der felsige Steig mit einer Drahtseilpassage. Etliche weitere Stellen sind mit Eisenstiften und Drahtseilen versichert. Hin und wieder erleichtern lange Holztreppen das Höhersteigen. Nach etwa 2 Std. folgt man einer Querung, die nach rechts, leicht fallend, durch Wald führt,

Versicherte Passage am Rinnkendlsteig.

bis von rechts unten eine Schlucht hochzieht. Hier verliert man den Seeblick und trifft wenig später auf eine Verzweigung, die rechts zur **Archenkanzel** 03 weist.

In wenigen Minuten hat man einen der imposantesten Aussichts-

02 Königssee St. Bartholomä, 604 m; **03** Archenkanzel, 1346 m;
04 Kührointhütte, 1420 m, **01** Königssee

Am geländergesicherten Aussichtspunkt der Archenkanzel.

punkte hinab auf den Königssee erreicht.

Wir gehen zur Verzweigung zurück und folgen dem Schild zur Kührointhütte. Zuerst auf dem breiten Fahrweg, dann links abbiegend auf einem felsigen Pfad erreicht man ca. 30 Minuten später die Wiesen und Gebäude der **Kührointalm** 04.

Abstieg Von der Kührointhütte nehmen wir als Weiterweg den mit Nr. 443 ausgeschilderten Pfad Richtung Schönau, Herrenroint, Klingeralm. Meist durch dichten Fichtenwald folgen wir zunächst dem ständig abwärts führenden Weg zur Klingeralm, treffen dann auf den Anstiegsweg zum Grünstein und schwenken rechts ab hinunter zu unserem Ausgangspunkt, dem Parkplatz in **Königssee** 01.

Abstiegs-Variante

Von der Kührointhütte bietet sich als Rückweg auch die Variante über die Grünsteinhütte an:

Zuerst 15 Minuten auf breitem Fahrweg abwärts, dann kurz hinter einer scharfen Linkskurve (links am Weg eine nette Vogelskulptur) nach rechts auf einen markierten schmalen Waldpfad abbiegen.

Nach 30 Minuten erreichen wir auf einem schattigen, leicht fallenden Höhenweg im Wald die Grünsteinhütte. Der weitere Abstieg über den kehrenreichen Waldsteig und hinunter nach Königssee ist in Tour 9 beschrieben.

Die Kührointalm ist erreicht.

11 BERCHTESGADENER HOCHTHRON • 1972 m

Schöner Steig auf den Untersberg

 15 km 6:30 h 1293 hm 1293 hm 14

START | Hallthurm, 693 m, Parkplatz an der B20 beim Bahnübergang [GPS: UTM Zone 33 x: 344.950 m y: 5.285.290 m]
CHARAKTER | Anfangs ein breiter Forstweg, folgt im Wald ein stellenweise steiler Steig, im oberen Teil schöner Wanderpfad.

▶ Am kleinen Parkplatz nach der Kreuzung Straße/Bahn bei **Hallthurm** 01 weist uns ein Schild den Weg: Nr. 465 Alpensteig-Untersberg. Das zunächst leicht ansteigende Asphaltsträßchen geht in einen leicht abwärts führenden Kiesweg über. Bei einer Verzweigung ist links hoch Nierntalsattel/Stöhrhaus angeschrieben, und der breite Weg steigt spürbar an. Wir passieren nach einer Rechtskehre die Abzweigung, die links über den Almsteig zum Zehnkaser hochführt (schwarze Tour, sehr steil und mit Drahtseilpassagen!). Wir bleiben auf dem breiten Forstweg, bis wir nach einer Linkskehre auf ein Holzgeländer treffen, das unsere Hangquerung absichert. Links am Weg tauchen verstärkt Felsabbrüche auf. Der Weg wird schmäler und zunehmend steiniger und nach einer Verzweigung (rechts biegt der schwarz markierte Weg 464 nach Winkl ab) geht es steiler und kehrenreich, teils über Stufen, berghoch. Wir erreichen einen Sattel und – ein paar Meter rechts vom Weg – einen wunderschönen Aussichtspunkt, mit Gipfelkreuz und Gipfelbuch. Wir halten uns links, queren die Hochfläche auf einem teils felsigen Pfad und gelangen zu einer Verzweigung (links Zehnkaser 20 Min., geradeaus Gatterl 20 Min.). Wir wandern über das **Zehnkaser-Almgebiet** 02 weiter hoch, steigen nochmals etwas steiler an und gelangen zum Gatterl, wo nach rechts hinab der Weg nach Maria Gern und zum Scheibenkaser abzweigt.

Vor uns ist der Weiterweg über den Latschenrücken gut einzusehen und wir nehmen die weiten Serpentinen in Angriff. Oben auf der Kuppe angekommen ist zum ersten Mal das **Stöhrhaus** 03

Der gut besuchte Hochthrongipfel mit seinen beiden Gipfelkreuzen.

01 Hallthurm, 693 m; **02** Zehnkaser-Almgebiet, 1520 m; **03** Stöhrhaus, 1894 m; **04** Berchtesgadener Hochthron, 1972 m

sichtbar, das wir 15 Min. später auch erreichen. Der imposante Steinbau bietet bereits Sichtkontakt zu den beiden nahen Gipfelkreuzen, die wir auf einem guten Steig ohne Schwierigkeiten erreichen. Ein Weglein, das unterwegs nach rechts ableitet, endet nach wenigen Metern bei einem riesigen Felstor, das einen interessanten Blick ins Tal bietet.

Das hölzerne Gipfelkreuz des **Berchtesgadener Hochthrons** **04** sowie ein paar Meter daneben ein kleineres Eisenkreuz werden nach einer guten Viertelstunde erreicht.

Abstieg Nach ausgiebiger Rast im Stöhrhaus machen wir uns auf dem Anstiegsweg wieder an den Abstieg.

BERCHTESGADENER HOCHTHRON • 1972 m

Scheibenkaser und Stöhrweg: Die Untersbergklassiker

  15 km 6:15h 1272 hm 1272 hm 14

START | Hintergern, Parken beim Gh. Dürrlehen
[GPS: UTM Zone 33 x: 344.950 m y: 5.285.290 m]
CHARAKTER | Recht lange Rundtour auf teils steilen Pfaden und Steigen, in der Almbachklamm gut angelegte Holzgerüste. Die Aufstiegsvariante durch das Mittagsloch zum Stöhrhaus ist sehr anspruchsvoll und nur teilweise gesichert.

Der Stöhrweg ist wohl der meistbegangene Anstiegsweg zum Berchtesgadener Hochthron. Bei unserer Rundtour benützen wir ihn aber erst im Abstieg, weil wir zum Auftakt der schönen Almbachklamm einen Besuch abstatten und evtl. dem interessanten Höhlenaufstieg zum Stöhrhaus den Vorrang geben.

▶ Vorbei am Gh. **Dürrlehen** 01 folgen wir dem Schild Almbachklamm/Ettenberg und steigen im

Marienfigur in der Almbachklamm.

01 Gh. Dürrlehen, 800 m; 02 Almbachklamm, 750 m; 03 Hinter-Ettenberg, 880 m; 04 Scheibenkaseralm, 1490 m; 05 Stöhrhaus, 1894 m;
06 Berchtesgadener Hochthron, 1972 m

Die letzten Anstiegsmeter vor der Scheibenkaseralm.

Wald leicht an, ignorieren die erste Abzweigung rechts zur Almbachklamm, und gelangen im Wald zum Scheitelpunkt des Weges, der uns nun in teils felsigen Kehren (bei Nässe rutschig!) hinab zur **Almbachklamm** 02 führt.

Wir überqueren den Bach und erreichen kurz darauf eine hölzerne Marienstatue (schöner Rastplatz). Entlang der Klamm geht es über gut angelegte Holzgerüste zur Theresienklause, dann folgen wir – links schwenkend – der Ausschilderung nach Ettenberg. Dort eröffnet sich uns ein herrlicher Ausblick auf den Hochthron.

In **Hinter-Ettenberg** 03 biegen wir bei einer kleinen Kapelle links ab in den Wald (Mark. 466) und steigen auf dem breiten Forstweg eher gemütlich bergan (mehrere Abkürzungen über ausgetretene Waldpfade sind möglich).

Die aussichtsreiche Scheibenkaseralm.

Einstieg in das Mittagsloch.

Aufstiegsvariante: Durch das Mittagsloch zum Stöhrhaus

Hinter der Scheibenkaseralm dem Pfad direkt hoch zu den Felsen folgen, dann unterhalb der Wand nach links queren, bis man bei Drahtseilen wieder steil ansteigt und über Felsen zu einer Höhle, dem Mittagsloch, gelangt.
In der Höhle über eine Leiter zu einem Durchschlupf – und man kommt wenig unterhalb des Stöhrhauses wieder ins Freie.

Bei einem ebenen Platz verlässt man den breiten Weg und steigt rechts auf schmalem Pfad in steileren Kehren im Wald an, passiert die Abzw. zur Grafenhütte (rechter Hand zu sehen), verlässt den Wald und erreicht in engen Kehren über Almwiesen die aussichtsreich gelegene **Scheibenkaseralm** 04. Wir folgen der Mark. 466 zuerst leicht ansteigend, dann fast eben unterhalb der Südwand des Hochthrons entlang zur Verzweigung mit Weg 417 beim sog. Leiterl (unserem späteren Abstiegsweg).

Weiter aufwärts zum Sattel und rechts haltend über felsige Stufen zum bald sichtbaren **Stöhrhaus** 05. Über einen gut einsehbaren Weg gelangen wir in 15 Min. auf den Gipfel des **Berchtesgadener Hochthrons** 06.

Beim **Abstieg** halten wir uns beim Leiterl rechts, folgen der Mark. 417 (dem Stöhrweg) zunächst in Serpentinen bergab und wandern dann an den Felsen der Almbachwand entlang, passieren das Lifthäuschen der Materialseilbahn und folgen stets absteigend der Markierung „Maria Gern".

Bald nachdem wir die Teerstraße und die ersten Häuser erreicht haben, zweigt links ein Pfad ab, der uns nach wenigen Metern zurück zum Parkplatz beim Gh. **Dürrlehen** 01 führt.

Der obere Teil des Stöhrwegs.

13 TONI-LENZ-HÜTTE • 1450 m

Zur größten erschlossenen Eishöhle Deutschlands

 11 km 5:15 h 1090 hm 1090 hm 14

START | Marktschellenberg/Paßthurm, Parkplatz neben der Straße
[GPS: UTM Zone 33 x: 352.880 m y: 5.285.420 m]
CHARAKTER | Schön angelegter, fast gleichmäßig steiler Steig, mit felsigen Passagen; für den Eishöhlenbesuch empfiehlt sich warme Kleidung.

Toni-Lenz-Hütte.

Schellenberger Eishöhle

Höhlenforscher bezeichnen die Schellenberger Eishöhle als statisch bewetterte Sackhöhle. Sie ist luftdicht nach unten abgeschlossen und hat den Eingang oben. Die kalte Luft sinkt nach unten und bleibt als Kaltluftsee stehen. Mit jedem Schritt abwärts wird es kälter, bis man unten bei 0° C auf einer 30 cm dicken Eisschicht steht. Eindrucksvolle Eishallen und bizarre Eisgebilde sind zu bestaunen.

▶ Wir starten in **Paßthurm** 01 auf Asphalt, dann – gleich ziemlich steil – auf Kies, folgen den Hinweisschildern zur Toni-Lenz-Hütte und dem schattigen Waldpfad, bis man nach etwa anderthalb Stunden wieder freie Sicht gewinnt. Der jetzt sonnige Pfad ist felsiger und steiler, aber auch erheblich aussichtsreicher und führt uns zur 1450 m hoch gelegenen **Toni-Lenz-Hütte** 02, dem oft stark frequentierten Ausgangspunkt für Besucher der **Eishöhle** 03 (20 Min. zum Sammelplatz, jede volle Stunde Führung bis gegen 17 Uhr). Auf dem Weg zum Sammelplatz passiert man bei der Verzweigung mit dem Weiterweg zur Mit-

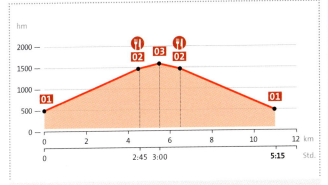

01 Paßthurm, 480 m; **02** Toni-Lenz-Hütte, 1450 m; **03** Eishöhle, 1570 m

tagscharte links, bei einem kleinen Eisenkreuz, einen wunderschönen Aussichtspunkt.

Wem der Eishöhlenbesuch zu wenig, der Weiterweg über den Salzburger Hochthron zum Geiereck (Talfahrt mit der Untersbergbahn möglich) aber zu weit ist, sollte sich wenigstens einen kleinen Ausflug über den **Thomas-Eder-Steig** zur **Mittagscharte** leisten.

Ein gut angelegter, mit Drahtseilen und Holztreppen versicherter Steig führt teilweise am Fels entlang und teilweise im Berg steil nach oben. Es ist immer ausreichend hell, manchmal etwas feucht und (bei Gegenverkehr) eng. Dieser von der Eishöhle aus etwa 45-minütige Abstecher lohnt in jedem Fall.

Der **Rückweg** verläuft über den Anstiegsweg.

14 SALZBURGER HOCHTHRON • 1853 m

Aussichtsspaziergang mit Hüttenbesuch

  3 km 2:45h 209 hm  209 hm 14

START | Grödig/St. Leonhard, Untersbergbahn-Bergstation
[GPS: UTM Zone 33 x: 352.880 m y: 5.285.420 m]
CHARAKTER | Aussichtsreicher Wanderweg, der Weg zum Zeppezauerhaus ist steil, aber über Holzstufen gut begehbar.

Da die Drahtseile der Untersbergbahn über weit auseinanderliegende Pfeiler gespannt sind, gestaltet sich schon die knapp 10-minütige Auffahrt recht interessant, und bei nicht wenigen macht sich Herzklopfen bemerkbar.

▶ An der **Bergstation** 01 angekommen gehen wir die paar Schritte zur Aussichtsplattform auf dem **Geiereck** 02 hoch und genießen zuerst einmal unter dem riesigen, rostigen Metallkreuz in 1805 m Höhe die herrliche Rundumsicht. Besonders der Tiefblick auf Salzburg ist beeindruckend. Von hier aus lässt sich auch die Toni-Lenz-Hütte sehen.

Der Übergang zum gut sichtbaren, nur etwa 50 Meter höheren Gipfelkreuz des Salzburger Hochthrons verläuft in leichtem Auf und Ab auf gut begehbaren Pfaden und Wegen. Zuerst passieren wir einen Zwischengipfel links, der mit einem auffälligen Mahnmal geschmückt ist: Ein riesiger Eispickel mit Soldatenmütze symbolisiert das Ehrenmal der Gebirgstruppen.

Auf einem breiten Weg geht es leicht bergab, bis nach links ein gut sichtbarer Pfad abzweigt, der uns kehrenreich und über etliche Holzstufen in einer guten halben Stunde zum **Gipfel** 03 hochführt.

01 Bergstation, 1776 m; 02 Geiereck, 1805 m; 03 Salzburger Hochthron, 1853 m; 04 Zeppezauerhaus, 1663 m

Der geräumige Gipfelbereich des Salzburger Hochthrons.

Der Rückweg zur **Bergstation** `01` verläuft auf dem Anstiegsweg.

Wer seine Brotzeit nicht im lärmenden Bergrestaurant einnehmen will, steigt zum rund 200 Höhenmeter tiefer liegenden **Zeppezauerhaus** `04` ab, das von oben gut einsehbar ist. Der recht steile Abstieg ist unproblematisch und wird mittels etlicher Holztreppen erleichtert. Lediglich bei Nässe ist zusätzliche Vorsicht geboten.

Der kurze Aufstieg von der zünftigen und meist gut besuchten OeAV-Hütte bringt den Kreislauf vor der anschließenden Talfahrt mit der Untersbergbahn nochmals richtig in Schwung.

15 SALZBURGER-HOCHTHRON-RUNDE

Große Gipfeltour über Dopplersteig und Toni-Lenz-Hütte

  11,25 km 8:00 h 1502 hm 1502 hm 14

START | Grödig/Glanegg, Parken in der Rosittenstraße
[GPS: UTM Zone 33 x: 351.040 m y: 5.290.110 m]
CHARAKTER | Der teilweise in den Fels gehauene Dopplersteig ist stellenweise steil und ausgesetzt, aber gut versichert (mit etlichen Holztreppen), der Übergang vom Schellenberger Sattel zur Toni-Lenz-Hütte weist einige Felsstufen auf, die mit Eisenringen und Tritthilfen versehen sind.

Auch wer direkt von der Bergstation des Geierecks aus startet, lernt den interessantesten Teil des Dopplersteiges kennen.

▶ Vom **Parkplatz** 01 über die Brücke und am Bach entlang dem Schild Dopplersteig folgen. Allmählich steiler ansteigend erreicht man die beschilderte **Obere Rositte** 02 auf 1320 m. Der Rundweg lässt sich nun in beide Richtungen begehen; wir halten uns rechts, direkt auf die Felsen zu und steigen auf in den Fels gehauenen

Blick vom Taxamer Kreuz hinüber zum Schellenberger Sattel, über den unser späterer Abstiegsweg verläuft.

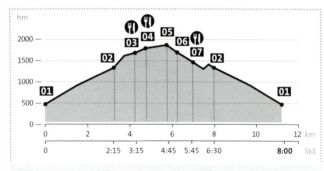

01 Glanegg, 461 m; 02 Obere Rositte, 1320 m; 03 Zeppezauerhaus, 1663 m; 04 Bergstation, 1776 m; 05 Salzburger Hochthron, 1853 m; 06 Mittagscharte, 1680 m; 07 Toni-Lenz-Hütte, 1450 m

Der Dopplersteig verläuft recht spektakulär entlang der Felsen.

Stufen und über viele Holztreppen an der Wand entlang nach oben. An den entscheidenden Stellen sind am Dopplersteig ausreichend Drahtseilsicherungen angebracht.

Nach dieser anstrengenden Steilstufe erreicht man eine fast ebene Hochfläche mit dem Taxamer Kreuz (1560 m). Ein paar Schritte entfernt stößt von rechts der Reitsteig auf unseren Weg. Eine Viertelstunde später hat man das **Zeppezauerhaus** 03 und die erste Raststätte erreicht.

Nach kurzem steilem Aufstieg zur **Bergstation** 04 der Untersbergbahn genießt man den Tief- und Weitblick vom Geiereckgipfel aus.

Tiefblick von der Untersbergbahn-Bergstation zum Zeppezauerhaus.

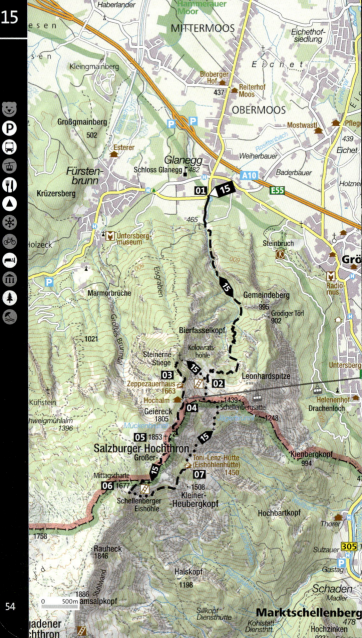

Der Abstieg vom Schellenberger Sattel zur Oberen Rositte.

Der Weiterweg hinüber zum **Salzburger Hochthron** 05 ist unproblematisch (s. Tour 14). Auf zuerst felsigem Steig, dann über geröllige Serpentinen steigen wir nach Süden zur **Mittagscharte** 06 ab.

Hier beginnt der interessante **Thomas-Eder-Steig**, der über steile Leitern, teilweise im Berginnern, nach unten führt, an den Felsen entlang verläuft und unterhalb des Sammelplatzes der Eishöhlenbesucher endet. 15 Min. später kann man es sich in der **Toni-Lenz-Hütte** 07 gut gehen lassen. Wenig unterhalb der Hütte weist uns ein Schild nach links zum Schellenberger Sattel. Bis wir diesen erreicht haben, müssen wir über einige steilere Felsstufen absteigen (Eisenringe, Drahtseile), Hänge und Bäche unterhalb der Seilbahn queren und auf der drübren Seite wieder ansteigen, bis wir kurz hinter dem Schellenberger Sattel erneut absteigen. Bald ist die **Obere Rositte** 02 und das Ende unserer Rundtour und der Abstiegsweg nach **Glanegg** 01 erreicht.

Der Übergang vom Geiereck zum Salzburger Hochthron.

16 PREDIGTSTUHL • 1613 m

Auf dem Waxriessteig zum Reichenhaller Hausberg

  8,45 km 5:00 h 1121 hm 1121 hm 14

START | Bad Reichenhall, Parkplatz neben der B21 Richtung Unterjettenberg [GPS: UTM Zone 33 x: 339.630 m y: 5.286.210 m]
CHARAKTER | Guter Steig, mit teils steilen Serpentinen im Wald, mit vielen Holzstufen und drahtseilgesicherten Holzleitern.

Auf der Gipfelfläche des Predigtstuhls.

Besonders an heißen Sommertagen ist der schattige Waxriessteig ein willkommener Aufstiegsweg. Früh im Jahr oder bei feuchten Witterungsverhältnissen ist bei den teilweise recht steilen Waldpassagen Vorsicht angebracht.

▶ Das Schild „Waxriessteig" gegenüber dem **Parkplatz am Saalachstausee** `01` weist uns den leicht ansteigenden Weg. Nach etwa 200 m zweigt rechts ein schmaler, beschilderter Pfad ab. Im Wald geht es stellenweise recht steil in Serpentinen aufwärts. Der Weg ist kaum aussichtsreich, dafür aber schattig. Gut angelegte Holzstufen erleichtern das Steigen, zwischendurch sind immer wieder Tiefblicke nach Bad Reichenhall und zum Saalachstausee möglich. Ab den Felsen wird der Weg aussichtsreicher und nach dem Überqueren eines Tobels (Drahtseile) und mehrerer steiler Holztreppen auch deutlich flacher. Kurz vor der **Unteren Schlegelalm** `02` stößt von rechts unten der Kiesweg von Rötelbach/Baumgarten herauf. Am Sessellift vorbei und über Almwiesen ca. 200 m weiter links haltend zu einem Viehgatter (Schild), wo sich der Rötelbachsteig mit dem Waxriessteig kreuzt. Wir passieren bei der Oberen Schlegelalm eine **Hütte** `03` mit großer Übersichtskarte neben der Tür. Nach links führt der „Moosensteig" zum Predigtstuhl, nach rechts hoch ist die Schlegelmulde mit 30 Min. ausgeschildert.

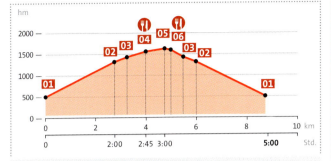

01 Bad Reichenhall, P Saalach, 492 m; **02** Untere Schlegelalm, 1305 m; **03** Diensthütte, 1415 m; **04** Schlegelmulde, 1545 m; **05** Predigtstuhl, 1613 m; **06** Bergstation, 1583 m

Über freies, blumenreiches Wiesengelände steigen wir in Kehren Richtung Schlegelalm an, meist links am Waldrand entlang. Wir erreichen eine Mulde und können bereits die Liftstation zum Hochschlegel erkennen. Wir durchqueren diese pflanzenreiche Senke und stehen kurz darauf vor dem Gasthaus **Schlegelmulde** **04**.

Ein paar Meter auf dem breiten Weg Richtung Bergstation, dann nehmen wir den schmalen, markierten Alpinpfad, der rechts hoch führt. Wir gelangen auf eine aussichtsreiche Hochfläche, mit Bänken und Fernrohr. Das Gipfelkreuz des **Predigtstuhls** **05** ist mit wenigen Schritten erreicht. Rechts hinab passieren wir noch eine schöne Aussichtskanzel, bevor wir die **Bergstation** **06** erreichen.

Abstieg Über groß angelegte, unter der Sesselbahn verlaufenden Serpentinen steigen wir abwärts und erreichen bei der **Hütte** **03** wieder unseren Aufstiegsweg. (Eine Abstiegs-Alternative ist die Predigtstuhlbahn)

17 PREDIGTSTUHL • 1613 m, HOCH-SCHLEGEL • 1688 m, KARKOPF • 1738 m, DREISESSELBERG • 1680 m

Leichte Vier-Gipfel-Wanderung mit Liftunterstützung

 7,25 km 3:30 h 467 hm 467 hm 14

START | Bad Reichenhall, Predigtstuhl-Bergstation, Parken an der Talstation [GPS: UTM Zone 33 x: 340.430 m y: 5.287.000 m]
CHARAKTER | Leichte und aussichtsreiche Wanderpfade.

Dank der Predigtstuhlbahn lässt sich diese aussichtsreiche Gipfelwanderung bequem auch als Nachmittagstour durchführen.

▶ Zuerst statten wir dem **Predigtstuhl** 02 einen Besuch ab, dessen Gipfel nur wenige Minuten oberhalb der **Bergstation** 01 liegt und auf einem schönen Wanderweg erreicht wird. Dann steigen wir, entweder über den ungefährlichen „Alpinpfad" oder bequemer, aber etwas länger über den Höhenrundweg zur **Schlegelmulde** 03 ab. Dort können wir uns im bewirtschafteten Gasthaus für den kurzen, steileren und kehrenreichen Aufstieg zum Hochschlegel stärken, der gut einsehbar parallel zum Lift durch die Latschen hinauf verläuft.

Vom großen Holzkreuz des **Hochschlegel** 04 geht es erst eben weiter, dann leicht fallend und schließlich wieder etwas ansteigend zur Abzweigung zum **Karkopf** 05.

01 Bergstation Predigtstuhlbahn, 1583 m; 02 Predigtstuhl, 1613 m;
03 Schlegelmulde, 1545 m; 04 Hochschlegel, 1688 m; 05 Karkopf, 1738 m;
06 Dreisesselberg, 1680 m

Schlegelmulde, Hochschlegel, Karkopf und Dreisesselberg.

5 Minuten später kann man sich am Holzschreibpult des Gipfelkreuzes verewigen und genießt eine sehr schöne Aussicht zum Hochkalter und zum Blaueisgletscher.

Wieder zur Abzweigung zurück und nach rechts weiter. Durch Latschen führt der felsige Pfad zunächst bergab, dann fast eben dahin. Wir passieren die Abzweigung rechts zur Steinernen Agnes, folgen aber dem jetzt steilen Pfad hinauf zum schon lange sichtbaren **Dreisesselberg**-Gipfel 06.

Abstieg Auf dem Anstiegsweg zurück zur Bergstation.

18 STEINERNE AGNES • 1300 m

Begegnung mit Sagen und Legenden

  10,25 km 4:45 h 607 hm 607 hm 14

START | Hallthurm, 693 m, Parkplatz an der B20 beim Bahnübergang [GPS: UTM Zone 33 x: 344.950 m y: 5.285.290 m]
CHARAKTER | Etappenweise steilere Wald- und Bergpfade, die etwas Trittsicherheit verlangen, im letzten Abstiegsteil schöner Wanderweg.

Die Steinere Agnes ist ein sehr beliebtes Wanderziel in den Berchtesgadener Bergen, aber doch weit genug von der Bergstation der Predigtstuhlbahn entfernt, um auch dem Fußaufstieg an der Ostseite eine Chance zu geben.

▶ An der Straße von **Hallthurm** `01` nach Berchtesgaden zweigt kurz hinter dem Bahnhof rechts der Steig ab (Infotafel „Steinere Agnes"), der uns ziemlich steil durch schattigen Wald in Serpentinen zum **Rotofensattel** `02` bringt.

Unterhalb der Steinernen Agnes.

Steinerne Agnes

Der Sage nach eine versteinerte Sennerin, die sich den unsittlichen Annäherungen des Teufels standhaft widersetzte und ihm mit dem Beistand der Gottesmutter entkommen konnte. Der Teufel hat sich an ihrem Stein gewordenen Leib die Nase eingerannt. – Im Jahr 2006 erfolgte die Aufnahme der Steinernen Agnes in die Liste der 77 ausgezeichneten Nationalen Geotope Deutschlands.

Nun kurz abwärts und dann fast eben den St.-Agnes-Schilder weiter folgen bis wir zu einer **Verzweigung** `03` (Richtung Bhf. Winkl, St.-Agnes-Rundweg) gelangen. Diesen Weg werden wir dann als Abstiegsweg nehmen. Nur wenig später sehen wir rechts oben die markante Erscheinung der **Steinernen Agnes** `04`. Wie ein überdimensionaler Pilz steht sie am Wegesrand und lädt zum Kraxeln ein. Allerdings sollten Kletterunerfahrene unbedingt darauf verzichten!

Abstieg Kurz nach der Steinernen Agnes halten wir uns rechts und

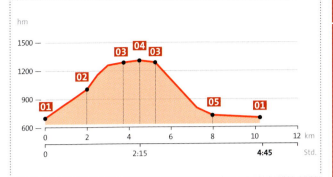

01 Hallthurm, 693 m; **02** Rotofensattel, 1000 m; **03** Verzweigung, 1280 m; **04** Steinerne Agnes, 1300 m; **05** Verzw. Panoramaweg, 720 m

folgen dem oben erwähnten **Abstiegsweg** 03 Richtung Winkl. Eine Stunde später kreuzen wir eine breite Forststraße und nach weiteren 10 Min. stoßen wir auf den Bischofswiesener **Panoramaweg** 05. Wir folgen diesem breiten Weg und der Beschilderung „Parkplatz Steinere Agnes" nach links. Über eine Brücke und weiter auf dem Panoramaweg gelangen wir auf unseren Anstiegsweg zurück.

Blick zum Dreisesselberg.

19 DÖTZENKOPF • 1001 m

Eine kleine, aber feine Aussichtswanderung

  8,25 km 2:45 h 656 hm 656 hm 14

START | Bad Reichenhall, Festplatz/Gh. Schießstätte
[GPS: UTM Zone 33 x: 340.560 m y: 5.286.960 m]
CHARAKTER | Gut angelegter und teilweise versicherter Steig, etliche Holzleitern, Brücken und Drahtseile. Bei Nässe nicht zu empfehlen, da einige steilere Waldpassagen.

▶ Wir folgen am Festplatz, beim **Gasthaus Schießstätte** `01` der Beschilderung „Dötzenkopf".

Ein breiter Kiesweg führt schattig am Waldrand hoch und bringt uns zum Aussichtspunkt **Stadtkanzel** `02`. Ein paar Meter weiter passieren wir die Wegverzweigung, die links zum Wanderzentrum Bayrisch Gmain ausgeschildert ist (unserem späteren Rückweg). Wir steigen weiter rechts hoch, teils über steilere Kehren, bis wir nach einer Rechtsquerung und einem großen Linksbogen über einen schattigen Waldpfad zu der kleinen **Bildstöcklkapelle** `03` gelangen. Schöne Aussicht zum Staufen hinüber.

Kurz zurück zur Verzweigung und weiter Richtung **Türmereck**, das wir über teils steilere Kehren (Eisengeländer) und eine Rechtstraverse auf schmalem Pfad erreichen. Blick hinauf zur Bergstation der Predigtstuhlbahn und hinunter zum Saalachsee.

Oberhalb der Aussichtsstelle folgen wir dem Pfad und wandern meist der Hangkante entlang mit Tiefblick nach Bad Reichenhall. Wir queren felsige Rinnen, wo der Weg

Der Dötzenkopf, ein herrlicher Aussichtsberg.

durch Hangrutsche teils etwas abschüssig, aber mit Eisenbrücken und Drahtseilen ausreichend gesichert ist. Einen Felssporn umgehend sehen wir dann den Dötzenkopf links vorne. Nachdem wir eine Rinne gequert haben, sehen wir von einem Aussichtspunkt, wie sich der Weiterweg elegant hinüber zum **Dötzenkopf** `04` schlängelt.

Der **Abstieg** verläuft zunächst sehr steil und kehrenreich, über wurzelige Stufen und Felsabsätze, bis bei einer Flachpassage links hoch die kleine Hochfläche des **Wappachkopfes** `05` markiert ist.

01 Bad Reichenhall, Festplatz, 475 m; **02** Stadtkanzel, 570 m; **03** Bildstöcklkapelle, 700 m; **04** Dötzenkopf, 1001 m; **05** Wappachkopf, 750 m; **06** Wappachweg, 550 m

Es geht weiter bergab, und nach einem großen Linksbogen erreichen wir das Waldende. Wir stoßen auf Asphalt und eine Verzweigung, die rechts zum Wanderzentrum und links zum Dötzenkopf weist. Über den Schanzenweg und den **Wappachweg 06** gehen wir am Bach entlang Richtung Bad Reichenhall, und nehmen kurz nach einer Holzbrücke die Abzweigung links zum Bildstöckl. Bei der **Stadtkanzel** treffen wir wieder auf den Anstiegsweg und steigen ab zum Ausgangspunkt.

Die Bildstöcklkapelle.

HOCHSTAUFEN • 1771 m

Waldpfade, Felssteige und ein kleiner Nebengipfel

  10,5 km 7:00 h 1281 hm 1281 hm 14

START | Piding, Staufenbrücke, Parkplatz
[GPS: UTM Zone 33 x: 342.330 m y: 5.290.250 m]
CHARAKTER | Nach schmalen und steilen Waldpfaden mit vereinzelten felsigen Stellen folgt mit den „Steinernen Jäger" ein klettersteigähnliches Felsgelände, das Trittsicherheit verlangt.

Das felsige Gipfelplateau des Hochstaufen mit grandioser Aussicht.

Der Hochstaufen ist der Reichenhaller Hausberg und bietet mehrere, aber allesamt anspruchsvolle Anstiegsmöglichkeiten.

▶ Anfangs führt der Weg von der **Staufenbrücke** 01 schattig und steil in kleinen, engen Serpentinen nach oben. Immer wieder eröffnen sich schöne Tiefblicke auf Bad Reichenhall und Piding. Einer kurzen flacheren Passage über einen Gratrücken folgen steilere und felsigere Stellen (Drahtseil), bis man wieder über einen flachen Rücken sogar leicht abwärts gehend einen Felsklotz umgeht (Drahtseil).

Der kreuzgeschmückte Felsen wird rechts umgangen, man steigt zu einer Art Scharte hoch, hält sich links, der Markierung folgend, und kann über einen recht kurzen Felsaufschwung (Drahtseil) den **Fuderheusteingipfel** 02, 1317 m, erklimmen und seinen Namen ins Gipfelbuch eintragen.

01 Staufenbrücke, Piding, 500 m; **02** Fuderheustein, 1317 m; **03** Steinerne Jäger, 1450 m; **04** Reichenhaller Haus, 1750 m; **05** Hochstaufen, 1771 m

Zurück zur Scharte und nach links weiter, zuerst fast eben im Wald querend. Von rechts unten führt ein rot-weiß markierter Weg herauf (Richtung Mairalm/Steineralm). Von unten schlecht zu erkennen ist der Abstiegsweg nach Bad Reichenhall über die Buchmahd, der nur wenig oberhalb dieser Stelle nach links abzweigt.

Eine Viertelstunde später erreicht man einen schönen Aussichtspunkt, der gleichzeitig den Beginn des schwierigeren Teiles ankündigt. Holzstufen weisen den Einstieg nach rechts oben, und es folgen die sog. „**Steinernen Jäger**" **03** eine endlose Reihe von Geröll- und Felsrinnen, die gequert bzw. hochgeklettert werden müssen.

Man hält sich überwiegend links, steigt stellenweise sogar leicht ab, lediglich bei einer besonders großen Schuttmulde steigt man rechts über die Felsen direkt nach oben. Der Weg ist ausreichend markiert. Sind noch Altschneefelder vorhanden und generell

Der Fuderheusteingipfel.

Am Beginn des Abstiegswegs über die „Steinernen Jäger".

bei Nässe ist allerdings große Aufmerksamkeit erforderlich. Es ist stets auf sauberes Gehen zu achten, um die Steinschlaggefahr zu minimieren.

Der Weg endet unmittelbar unter dem **Reichenhaller Haus** `04`. An der in den Fels gebauten kleinen Kapelle vorbei lässt sich der **Hochstaufengipfel** `05` leicht in 5 Min. erreichen und belohnt mit einer herrlichen Aussicht.

Der **Abstieg** verläuft über den Anstiegsweg.

Blick über das Reichenhaller Haus hinunter nach Piding.

HOCHSTAUFEN • 1771 m

Der lange Weg über die Steineralm

  14,5 km 7:00 h 1271 hm 1271 hm 14

START | Piding/Mauthausen, Schloss Staufeneck, Parkplatz
[GPS: UTM Zone 33 x: 342.120 m y: 5.291.880 m]
CHARAKTER | Wander- und Wirtschaftswege zur Steineralm, die Gipfelpassagen haben im An- und Abstieg felsige, drahtseilversicherte Passagen und verlangen Trittsicherheit.

Auf dem Weg zur Steineralm.

▶ Vom **Schloss Staufeneck** 01 wandern wir nur leicht ansteigend auf bequemem Pfad entlang der Nordflanke des bewaldeten Hochstaufen-Ausläufers. Kurz vor der **Mairalm („Moaralm")** 02 stoßen wir auf den Fahrweg, der von Piding/Urwies aus zur Steineralm hochführt und eine häufig befahrene Mountainbike-Strecke darstellt. Diesem Fahrweg folgen wir bis zur **Steiner(„Stoaner")alm** 03.

Nach einer Stärkung verlassen wir die Alm auf schmalerem Pfad über Wiesen und erreichen in einer knappen halben Stunde beim Schild „**Bayrisches Stiegel**" 04 den Anstiegsweg, der von Inzell/Adlgaß heraufführt. Vorbei am überdachten Holzstoß (mit der Bitte, ein Holzscheit für das Reichenhaller Haus mitzunehmen) wird es steiler, und angelegte Stufen führen dicht an die Felsen heran. Bei einem Drahtseil beginnt der felsige Steig, der immer wieder über künstliche Stufen und drahtseilversicherte Rinnen nach oben führt. Geröllstellen und Felssteige wechseln sich ab, man umgeht einen Vorgipfel (Wegkreuz erinnert an ein Bergunglück 1972) und zwängt sich durch schmale Felsdurchgänge. Schöne Tiefblicke zur Steineralm und zum Frillensee.

Überraschend taucht über einem dann plötzlich das massive stählerne Gipfelkreuz des **Hochstaufen** 05 auf. Vom breiten Gipfelrücken führt ein Steig links in wenigen Minuten zum **Reichenhaller Haus** 06 hinunter.

Abstieg Als alternativer Rückweg bietet sich der Weg über die „Steinernen Jäger" an. Man folgt den Markierungen abwärts meist nach links querend bis zum Ende des steilen Abstiegsteils, einem schönen **Aussichtsplatz** 07 rechts. 15 Min. später erreichen wir eine links abfallende Senke, durch welche ein gut sichtbarer Pfad nach unten führt (markiert mit rotem Punkt in weißem Kreis). In steilen

01 Schloss Staufeneck, 500 m; **02** Mairalm, 800 m; **03** Steineralm, 1098 m; **04** Bayr. Stiegel, 1170 m; **05** Hochstaufen, 1771 m; **06** Reichenhaller Haus, 1750 m; **07** Aussichtsplatz/Steinerne Jäger, 1450 m

Serpentinen folgen wir dem Pfad durch Wald hinab, stoßen auf einen breiteren Weg, den wir nach rechts weiter verfolgen.

Ein weiterer Weg kreuzt, wir halten uns erneut rechts und bald darauf trifft man auf den Anstiegsweg, der nach links zur Steineralm weist und rechts wenig später die **Mairalm** **02** passiert. Nun die nächste Abzweigung nach rechts nicht übersehen und auf dem Anstiegsweg zum **Schloss Staufeneck** **01** zurück.

Das Reichenhaller Haus, im Hintergrund der Hochstaufengipfel.

HOCHSTAUFEN • 1771 m

Der leichteste Anstieg von der Padingeralm – mit anspruchsvoller Rundtour-Alternative

  8,25 km 5:30 h 1104 hm 1104 hm 14

START | Bad Reichenhall, Padingeralm, 667 m, Parkplatz
[GPS: UTM Zone 33 x: 339.260 m y: 5.289.250 m]
CHARAKTER | Der Weg über die Bartlmahd hat einige steilere, im oberen Bereich auch felsige, aber unschwierig zu begehende Stellen. Der Abstieg über die „Steinernen Jäger" sollte nur von Geübten wahrgenommen werden.

Die Padingeralm, ein beliebter Ausgangspunkt für den Hochstaufen.

Der Hochstaufen-Südanstieg über die Bartlmahd weist mehrere Vorzüge auf. Zum einen ist es der leichteste Weg auf den Reichenhaller Hausberg, er ist relativ früh im Jahr schneefrei und begehbar, und der Startpunkt liegt höher als bei den anderen Ausgangspunkten.

▶ Unterhalb der **Padingeralm** 01 nach links den Wegweisern folgen. Bei der ersten Weggabelung wiederum der linken Beschilderung folgen (rechts geht es zum potentiellen Abstiegsweg über die „Steinernen Jäger"). Dem Waldpfad folgend erreicht man stetig steigend nach ungefähr 2 Std. die ehemaligen (heute wieder aufgeforsteten) Wiesen und Weideflächen der **Bartlmahd** 02.

Bei der Weggabelung rechts halten (links führt die Markierung zur Zwieselalm) und auf dem felsigeren Steig steiler hochsteigen zum Verbindungsgrat zwischen Hoch- und Mittelstaufen. Der Weg verläuft am Grat entlang nach rechts, auf gut markierten und leicht begehbarem Pfad, stellenweise unterhalb der sich steil aufrichtenden Gratfelsen. In eher mäßiger Steigung quert man unterhalb des Gipfels zum **Reichenhaller Haus** 03 hinüber, zuletzt nochmals über stärker ansteigende Serpentinen. Von dort gelangt man in wenigen

01 Padingeralm, 667 m; 02 Bartlmahd, 1400 m;
03 Reichenhaller Haus, 1750 m; 04 Hochstaufen, 1771 m;
05 Aussichtspunkt/Steinerne Jäger, 1450 m

Schritten zum aussichtsreichen **Hochstaufengipfel** 04.

Abstieg Wer sich auf dem Rückweg etwas mehr zutraut und trittsicher ist, der kann sich – vorausgesetzt auch das Wetter ist entsprechend, denn bei Nässe ist dieser Abstieg deutlich schwieriger! – über die sog. „Steinernen Jäger" nach unten absteigen.

Der gut markierte Steig endet bei einem schönen **Aussichtspunkt** 05 rechts. Weiter links absteigend, darf man ca. 10 Min. später nicht die Abzweigung nach rechts (Schild Bad Reichenhall) übersehen, die in steilen Serpentinen durch den Wald hinabführt und uns wieder auf den Anstiegsweg und zur **Padingeralm** 01 zurückbringt.

23 ZENNOKOPF • 1756 m – ZWIESEL • 1782 m – GAMSKNOGEL • 1750 m

Drei-Gipfel-Tour am Hinterstaufen

  9,45 km 5:00 h 1054 hm 1054 hm 14

START | Weißbach/Jochberg, Jochberg-Parkplatz
[GPS: UTM Zone 33 x: 335.480 m y: 5.289.430 m]
CHARAKTER | Forstwege und Waldpfade am Anfang und Ende der Tour, problemlose Steige zum Zennokopf und Zwiesel, nur der Übergang zum Gamsknogel weist mehrere steile Felsstufen auf (Drahtseile, Eisengriffe).

Von Weißbach führt ein ziemlich schmales und kurviges Sträßchen hoch nach Jochberg. Kurz hinter dem Ortsschild ist der Jochberg-Parkplatz ausgeschildert.

▶ Vom **Wanderparkplatz Jochberg** 01 auf der leicht ansteigenden Kiesstraße den Wald hinauf, in der ersten scharfen Linkskurve führt ein Abkürzungssteig über Holzstufen rechts ab, kurz dar-

Kurz vor dem Jochberg-Parkplatz.

01 Jochberg-Parkplatz, 840 m; 02 Mulisteig, 1050 m; 03 Zwiesealm/Kaiser-Wilhelm-Haus, 1386; 04 Zennokopf, 1756 m; 05 Zwiesel, 1782 m; 06 Gamsknogel, 1750 m; 07 Kohleralm, 1450 m; 08 Waldpfad, 1000 m

Zwieselalm (Kaiser-Wilhelm-Haus).

auf verlassen wir die Forststraße erneut links auf einem Holzstufensteig. Wir überqueren erneut die Forststraße und treffen wenig später bei einer Bank auf die Abzweigung links zum **Mulisteig** 02.

Der breite, gut gestufte Weg bringt uns durch den schattigen Wald hoch zu einer Verzweigung, der wir nach links ins Freie folgen.

Wenig später ist oben das Kaiser-Wilhelm-Haus zu sehen und wir erreichen kurz darauf die Verzweigung, die rechts zur **Zwieselalm** und zum **Kaiser-Wilhelm-Haus** 03 hinaufleitet.

Hinter der Zwieselalm steigt der Pfad kehrenreich und teilweise ordentlich steil an (vereinzelt Holzleitern). Zunächst im Wald, dann

Rechts verläuft der Anstiegsweg zum Zwiesel und nach links über den latschenbewachsenen Kamm der Übergang zum ganz links sichtbaren Gamsknogel.

23

Der Gipfelgratweg hoch zum Gamsknogel.

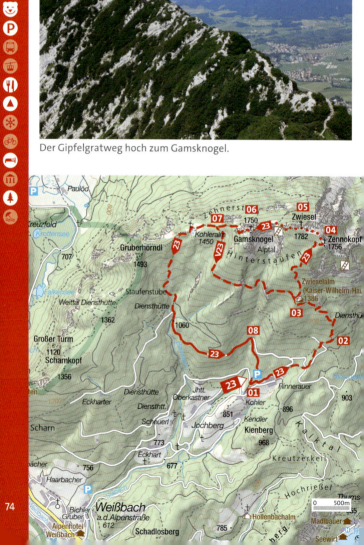

durch Latschengestrüpp erreichen wir die Senke zwischen Zwiesel und Zennokopf.

Nach dem kurzen Abstecher zum **Zennokopf** 04 traversieren wir hinüber zum **Zwiesel** 05.

Über einen zunächst flachen Bergpfad gehen wir am Grat entlang auf das schon sichtbare Gipfelkreuz des Gamsknogel zu. Wir passieren nach zwei kurzen felsigen Abstiegen (drahtseilversichert) die Abzweigung rechts hinunter nach Adlgaß und steigen dann – wieder über eine drahtseilgesicherte Steilstufe – zum **Gamsknogel**-Gipfel 06 hoch.

Nach dem Gamsknogel geht es in engen, steilen und schottrigen Rinnen bergab, über Stufen und Leitern, bis wir grünes Wiesengelände und eine Wegverzweigung erreichen. Hier könnten wir als Alternativabstieg nach links den Weg zur Zwieselalm nehmen und dann auf dem Anstiegsweg zum Jochberg-Parkplatz zurückkehren. Wir bleiben aber geradeaus und treffen in einer Senke kurz darauf auf die **Kohleralm** 07. Hinter dem Almgebäude führt ein schöner Pfad in den Wald hinein und zu einem Schild, das uns den Weg bergab nach Weißbach weist.

Der felsige, teils schottrige Pfad führt trotz einiger Flachstellen und kleiner Gegenanstiege meist bergab, bis wir auf eine breite Forststraße treffen.

Auf dieser wandern wir nach links, zwischenzeitlich leicht ansteigend, bis wir in einer ausgeprägten Rechtskurve (Schild: „Zur Staufenstube") rechts in einen schmalen, leicht zu übersehenden **Waldpfad** 08 abbiegen. Zunächst flach, dann stärker abfallend und geröllig geht es abwärts bis zu einer Forststraße und einem Marterl rechts des Weges.

Nach wenigen Metern ist links der **Jochberg-Parkplatz** 01 erreicht.

Blick zur Kohleralm.

24 PFLASTERBACHHÖRNDL • 1270 m, RABENSTEINHORN-UMRUNDUNG

Höhenwanderung mit Gipfel und Abstiegsvariante

  13 km 5:15 h  820 hm 820 hm 14

START | Bad Reichenhall, Predigtstuhlbahn-Talstation, Parkplatz [GPS: UTM Zone 33 x: 340.380 m y: 5.287.020 m]
CHARAKTER | Breite Almwege, bei der Gipfelbesteigung und der Rabensteinhorn-Umrundung teils schmaler, etwas ausgesetzter Steig (Sicherungen). Die Abstiegs-Alternative über den Klettersteig der Reibwände ist nur für Geübte, für Kinder nicht geeignet.

Eine schöne und abwechslungsreiche Höhenwanderung in Wald- und Almgelände, mit geräumigen Wirtschaftswegen, einem Gipfel sowie schmalen, teilweise sogar ausgesetzten und versicherten Steigen und nicht zuletzt mit einer Klettersteigvariante für alle, die noch nicht genug haben: all das bietet dieser stadtnahe und leicht erreichbare Wandertourenvorschlag.

In der Teufelsbachschlucht.

01 Predigtstuhlbahn-Talstation, 470 m; **02** Bürgermeisterhöhe, 770 m; **03** Abzweigung, 1100 m; **04** Pflasterbachhörndl, 1270 m; **05** Paul-Gruber-Haus, 950 m; **06** Kugelbachbauer, 640 m

Gipfelkreuz des Pflasterbachhörndls.

▶ Wir starten vom **Parkplatz der Predigtstuhlbahn** 01 zum Gasthaus Schroffen und steigen durch die **Teufelsbachschlucht** hinauf zur aussichtsreichen **Bürgermeisterhöhe** (770 m) 02.

Auf gutem Steig, dem markierten Kugelbachweg, treffen wir auf den Müllnerbergweg, dem wir hoch über dem Saalachtal in südwestlicher Richtung folgen. Bei der markierten **Abzweigung „Zum Gipfel"** 03 halten wir uns rechts.

Der Steig wird kehrenreich, immer felsiger und steiler; und erreicht nach einer drahtseilgesicherten Stelle und mehreren Felsstufen den Gipfelgrat und nach wenigen Minuten den Gipfel des **Pflasterbachhörndls** 04.

Wieder zurück bis zur Abzweigung, dann rechts weiter und um das Rabensteinhorn herum. Der Pfad ist stellenweise ausgesetzt und schmal, bietet aber immer wieder schöne Ausblicke auf die östliche Gebirgslandschaft. Wieder nach Norden haltend gelangen wir zum unbewirtschafteten **Paul-Gruber-Haus** 05 (950 m) der Naturfreunde. Von hier aus können wir gemütlich auf breitem Weg zum **Kugelbachbauer** 06 und über das Gasthaus Schroffen zum Ausgangspunkt zurückwandern.

Geübte und trittsichere Geher können aber – wenn sie sich 1:30 bis 2 Std. mehr Zeit gönnen – auch beim Naturfreundehaus links abdrehen und durch den Wald westlich absteigen. Von der Hochfläche geht es steil, abschüssig und kehrenreich hinab, und man quert schließlich über mehrere mit Drahtseil und Trittstiften versicherte Stellen die Reibwände hinunter und gelangt zum Parkplatz an der B 305.

Von dort mit dem Bus nach Bad Reichenhall (oder parallel zur Straße über den Soleleitungsweg, am Thumsee vorbei, gemächlich zum Ausgangspunkt zurück).

An der Bürgermeisterhöhe.

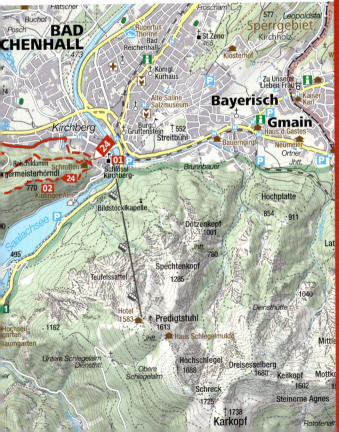

ASCHAUER KLAMM

Familienwanderung am Wasser

 10,25 km 4:00 h 340 hm 340 hm 14

START | Schneizlreuth/Oberjettenberg, am Militärbereich vorbei, nach der Straßenschlaufe rechts weiterfahren, bis links eine kleine Holzhütte auftaucht, Parkmöglichkeit
[GPS: UTM Zone 33 x: 334.280 m y: 5.282.080 m]
CHARAKTER | Gut angelegte Pfade und Wege, mit vielen Zugangsmöglichkeiten zum Wasser.

Neben den Bergseen sind Klammen in vielen Gebirgsregionen eine besondere Attraktion, und natürlich hat auch das Berchtesgadener Land eine Vielzahl aufzuweisen. Neben den bekannteren Namen der Wimbachklamm (s. bei Tour 40) und der Almbachklamm (s. bei Tour 12) gibt es eine weitere leicht zu begehende und daher auch für Kinder geeignete Klammwanderung. Diese verläuft entlang des Aschauer Baches, auf dem in früheren Zeiten, als der Salzbergbau noch einen erheblichen Holzbedarf hatte, diese Hölzer transportiert wurden.

▶ Ausgangspunkt dieser netten Wasserwegwanderung ist **Oberjettenberg** 01. An der kleinen Holzhütte vorbei führt ein beschilderter Weg (via Aschauer Klamm) in den Wald hinein, kurz darauf zweigt rechts ein kleiner Pfad ab, der uns relativ steil, auf schmalen Serpentinen direkt zum Wasser hinabführt (beim **Schild Wasserspaß 11)** 02. Zuerst auf einer flacheren Passage am

01 Oberjettenberg, 600 m; 02 Wasserspaß, 560 m; 03 Aschauer Klause, 780 m; 04 Fahrweg Reith/Unken, 850 m; 05 Gasthaus Haiderhof, 550 m

Wasserlauf entlang, dann etwas steiler hinauf, an manchen Stellen hängt ein Drahtseil. Man überquert stabile Brücken, hat immer wieder Zugang zum Wasser und bekommt an etlichen Stellen, wo die Felswände näherrücken ein richtiges Klammgefühl. Nach der letzten Brücke wird der Bachlauf gemächlicher, wir steigen jenseits der Brücke nochmals kurz steil an und wandern dann auf einem fast ebenen Weg, bis auf der linken Seite die **Aschauer Klause** 03 auftaucht (stabiles Holzhaus mit offenem Raum, mit Sitzbänken und Feuerstelle). Der schattige Weiterweg führt nun gemütlich zur Landesgrenze und trifft kurz darauf auf den **Fahrweg** 04 nach Reith/Unken (3,8 km).

In der Aschauer Klamm.

Rückkehr wie auf dem Anstiegsweg, aber beim Schild **Wasserspaß 11** 02 folgen wir nach links weiter dem Bachlauf, der uns relativ eben und über einige Brücken zum Eingang der Klamm und zum einladenden **Haiderhof** 05 bringt. Kurz vor dem Gasthof zweigt unser Rückweg rechts ansteigend ab, führt in den Wald hoch und den Markierungen folgend erreichen wir wieder die kleine Holzhütte und unseren Ausgangspunkt.

NEUE TRAUNSTEINER HÜTTE • 1560 m
Über den Wachterlsteig auf die Reiteralpe

 13 km 5:30 h 677 hm 677 hm 14

START | Schneizlreuth/Schwarzbachwacht, Parkplatz nach dem Gh. Wachterl, an der Straße nach Ramsau.
[GPS: UTM Zone 33 x: 338.960 m y: 5.278.070 m]
CHARAKTER | Markierter Wald- und Bergpfad, stellenweise steilere Abschnitte, aber insgesamt gut begehbar.

Der untere Teil des Wachterlsteigs ist durch einige steilere und felsige Passagen geprägt.

Der schnellste und bequemste Zugang zur Neuen Traunsteiner Hütte, dem zentralen Ausgangspunkt für alle längeren und vor allem mehrtägigen Unternehmungen auf der Reiteralpe, verläuft über den schattigen Wachterlsteig und die sich anschließende Saugasse. Besonders bei der Wanderung über die Hochfläche gewinnt man einen nachhaltigen Eindruck von dieser recht urtümlichen Land-

01 Gasthaus Wachterl, 880 m; **02** Sattel, 1500 m; **03** Neue Traunsteiner Hütte, 1560 m

schaft. Blumenreiche Wiesen, karstige Hochflächen und schöne Zirbenwälder wechseln sich ab; die letzten Überreste ehemaliger Almgebäude und -weiden werden zunehmend von der Natur eingeholt.

▶ Vom Parkplatz beim Gh. **Wachterl** **01** folgen wir der Beschilderung Wachterlsteig Nr. 470 leicht abwärts, dann eben dahin auf breitem Weg. Dieser verengt sich bald zu einem schmalen **Pfad** und steigt steil in vielen engen Kehren

Über eine flachere und verkarstete Hochfläche verläuft der obere Wegabschnitt.

durch den schattigen Wald an. Wir halten uns auf eine rechts hoch hinaufragende Felswand zu, der man bei einer Holzleiter auch ziemlich nahe kommt. Durch enge Felsdurchbrüche steigt man weiter an, mit immer mehr flacheren Passagen dazwischen.

Nach gut anderthalb Stunden erreicht man einen **Sattel** 02 (nach rechts weist ein Schild zum Bärenkareck, 40 Min.), passiert eine blumenreiche Wiese und durchquert in leichtem Auf und Ab die karstige Hochfläche. Ein kurzes Stück wird es dann nochmals steiler, von links mündet der Weg von der Eisbergscharte ein (Schild sowie gelbe Markierung auf einem Stein).

Über die in den Karten so bezeichnete Saugasse folgen wir weiter leicht ansteigend der Beschilderung zur Traunsteiner Hütte und erreichen nach einem weiteren Felsdurchbruch wieder eine Hochfläche. Hier eröffnet sich endlich der Blick auf die vor uns liegenden Gipfel der Reiteralpe. Wenig später gelangen wir zur Verzweigung, wo nach links der Weg zum Edelweißlahner ausgeschildert ist. Kaum 50 m entfernt präsentiert sich plötzlich die vorher nicht sichtbare **Neue Traunsteiner Hütte** 03. Ein gewaltiger Bau, mit großer Aussichtsterrasse.

Der **Abstieg** verläuft über den Anstiegsweg.

Die mächtige Neue Traunsteiner Hütte.

27 NEUE TRAUNSTEINER HÜTTE • 1560 m

Über Schrecksteig und Schrecksattel auf die Reiteralpe

  14 km 6:00 h  1045 hm  1045 hm 14

START | Oberjettenberg, Militäranlage, Parken neben der Straße. [GPS: UTM Zone 33 x: 335.150 m y: 5.281.770 m]
CHARAKTER | Anfangs Teerstraße, dann Waldpfade und zum Schrecksattel felsiger Steig. Zum Schluss breiter Wanderweg.

Auch von Norden her ist die Hochfläche der Reiteralpe relativ leicht zu erreichen. Der Schrecksattel bietet – trotz seines Namens – einen leichten Durchstieg durch die von unten kompakt erscheinende Felswand.

▶ Vom **Parkplatz** 01 bei der Militäranlage in Oberjettenberg steigt man auf der Teerstraße an, bis vor dem oberen Tor des abgezäunten Militärischen Bereichs ein Kiesweg rechts ableitet (Schild). Wir verlassen den Kiesweg mehrere Male, u.a. bei der Rastnock-Diensthütte, von der man einen schönen Weitblick zu den Loferer Steinbergen hat, folgen der Beschilderung und kürzen immer mal wieder über gut begehbare Waldpfade ab.

Wir passieren nach rund anderthalb Stunden eine kleine Lichtung mit Bänken, der Pfad wird nun immer mehr zum felsig-gerölligen Steig und führt uns in steilen Serpentinen direkt vor eine Felswand. Unterhalb der Felsen, vorbei an einer im Fels angebrachten **Marienstatue** 02, queren wir nach rechts hinüber.

Nur ein paar Schritte weiter warnt uns ein originelles Schild vor dem

01 Oberjettenberg, 600 m; 02 Marienstatue, 1500 m; 03 Schrecksattel, 1601 m; 04 Neue Traunsteiner Hütte, 1560 m

Am Schrecksattel.

Betreten einer rechts liegenden Höhle. Über einen schönen felsigen Stufenweg gelangen wir dann in wenigen Minuten zum **Schrecksattel** 03.

Eine große und überdachte hölzerne Christusstatue sowie viele kleine Marterl (Erinnerungen an verstorbene Heeres-Bergführer) erwarten uns.

Dass wir uns hier auf militärischem Übungsgelände befinden, merkt man besonders dann, wenn man auf dem beschilderten, nun flachen Weiterweg links des Weges bei den kleinen Felswänden kletternde Soldaten beobachten kann.

Nach einer weiteren halben Stunde stehen wir dann endlich – stets auf einem breitem Weg meist leicht bergab gehend – vor der **Neuen Traunsteiner Hütte** 04.

Abstieg auf dem Anstiegsweg.

28 WEITSCHARTENKOPF • 1979 m, GROSSER BRUDER • 1867 m

Leichte Gipfelziel in Hüttennähe

  7,45 km 2:45 h 589 hm 589 hm 14

START | Neue Traunsteiner Hütte, 1560 m
[GPS (Hütte) : UTM Zone 33 x: 334.770 m y: 5.277.320 m]
CHARAKTER | Unschwierige Wiesenpfade, nur im Gipfelbereich des Großen Bruder etwas steiler und stellenweise schmale und felsige Bergpfade.

Die Neue Traunsteiner Hütte ist ein idealer Ausgangspunkt, um die Reiteralpe zu erkunden. Sie bietet sich für Zwei- und Mehrtagestouren geradezu an. Die beiden aufgeführten Gipfel sind von der Hütte aus schnell und leicht erreichbare Ziele. Sie bieten einen hervorragenden Weitblick in die umliegenden Gebirge und gleichzeitig einen wunderschönen Überblick über die riesige Hochfläche der Reiteralpe.

▶ Auf dem Weg von der **Neuen 01** zur Alten Traunsteiner Hütte zweigt bald ein Weg rechts ab (Schild). Dieser über Almwiesen führende Pfad verzweigt sich kurz vor der Latschenzone, und wir nehmen die **Abzweigung 02** nach rechts, wo der Pfad steiler ansteigend den Hang quert und wenig später durch dichter werdenden Wald und über den Kamm zum aussichtsreichen Gipfel des **Weitschartenkopfs 03** hinaufführt.

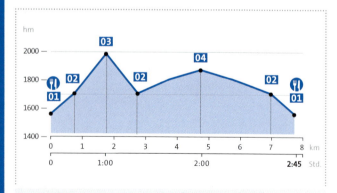

01 Neue Traunsteiner Hütte, 1560 m; **02** Verzweigung, 1700 m;
03 Weitschartenkopf, 1979 m; **04** Großer Bruder, 1867 m

Über den flachen Rücken des Weitschartschenkopfes verläuft der Anstiegsweg.

Auf dem Anstiegsweg zurück, bis uns die markierte **Verzweigung** 02 nach rechts weist. Ab hier folgen wir der Beschilderung zum Großen Bruder. Wir queren anfangs nur leicht steigend, dann wieder steiler werdend aufwärts. Der Steig führt direkt zum Grat (mit Blick auf die Steilabstürze zum Aschauer Bach hinab) und dann links in einem Bogen zuerst etwas abwärts, anschließend rechts haltend über Felsen steil hinauf zum Gipfelkreuz des **Großen Bruder** 04.

Der **Abstieg** verläuft auf dem direkten Weg zur weithin sichtbaren **Neuen Traunsteiner Hütte** 01.

GROSSES HÄUSELHORN • 2284 m, KLEINES HÄUSELHORN • 2228 m

Über Fels und Schnee durchs Naturschutzgebiet

9 km 5:30 h 804 hm 804 hm 14

START | Neue Traunsteiner Hütte, 1560 m
[GPS (Hütte) : UTM Zone 33 x: 334.770 m y: 5.277.320 m]
CHARAKTER | Anfangs Almwege, in der Roßgasse steiler Bergpfad, im oberen Teil felsiger Steig mit Schneefeldüberquerung (stellenweise muss man die Hände zu Hilfe nehmen).

Die Tour zum Großen und Kleinen Häuselhorn ist eine durchaus anspruchsvolle Unternehmung mit abwechslungsreichen Anforderungen. Besonders früh im Jahr, bei Nässe oder bei überfrorenen Altschneefeldern kann man sich auf den einzelnen Etappen auf einige Hindernisse einstellen.

▶ Von der **Neuen Traunsteiner Hütte** 01 halten wir uns zuerst in Richtung Alter Traunsteiner Hütte und folgen der Beschilderung 473. Bei der **Kreuzung mit dem Al**pasteig 02, der von rechts unten herauf führt, schwenken wir nach links, passieren die Alte Traunsteiner Hütte und queren über Almwiesen zur **Roßgasse** hinüber.

Allmählich wird der Pfad steiler, man steigt in einer Art großer Schneise aufwärts. Am Beginn dieser steiler werdenden Passage kündigt uns ein **Schild** an, dass wir uns im Naturschutzgebiet Kalkhochalpen befinden. Am oberen Ende dieser Aufstiegsschneise gelangen wir über felsigeres Gelände in ei-

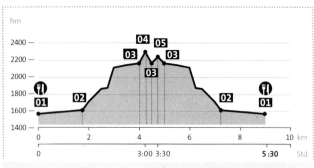

01 Neue Traunsteiner Hütte, 1560 m; 02 Verzw. Alpasteig, 1600 m; 03 Sattel, 2150 m; 04 Großes Häuselhorn, 2284 m; 05 Kleines Häuselhorn, 2228 m

nen steinüberfüllten **Sattel**, der sich bestens zur Rast eignet.

Wenig später teilt sich der **Weg**. Nach links führt der Pfad zum Wagendrischelhorn (s. Tour 30), wir halten uns rechts, gelangen nach einem kurzen steilen Aufschwung auf eine Kuppe und stehen direkt vor einem sich nach oben ziehenden Schneefeld.

Wenn der Schnee nur mit Schwierigkeiten zu begehen ist, weil er zu hart oder überfroren ist, kann man sich links an den Felsen entlang nach oben hangeln. Oben quert man das Schneefeld nach rechts (große Markierungen an den Felsen) und steigt über felsige Stufen und Rinnen immer den Markierungen folgend an. Stellenweise muss man hier die Hände zu Hilfe nehmen, Trittsicherheit und sauberes Gehen sind erforderlich, auf die Vermeidung von Steinschlag ist zu achten.

Oberhalb dieser steilen Passage erreicht man den **Sattel** 03 zwi-

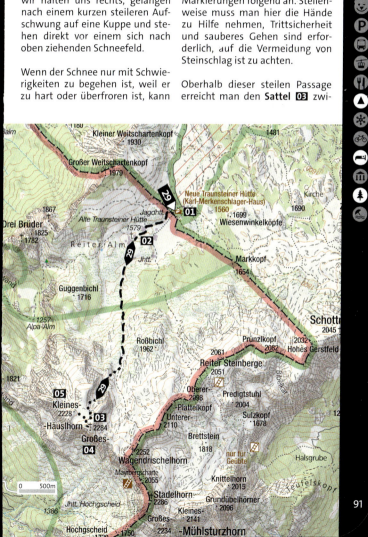

Links das Große, rechts das Kleine Häuselhorn.

schen Großem und Kleinem Häuselhorn. Nach links querend über den schottrigen Hang steigen wir ziemlich direkt zum Gipfel des **Großen Häuselhorn 04** an.
Ein toller Ausblick, der von der Kampenwand über Venediger, Glockner, Steinernes Meer usw. reicht, belohnt unsere Anstiegsmühen. Wir steigen zum **Sattel 03** zurück und folgen dort deutlichen Steigspuren unschwierig über Felsen zum weithin sichtbaren kleinen Kreuz des **Kleinen Häuselhorns 05**.

Abstieg wie auf dem Aufstiegsweg.

Blick hinunter zum unteren flachen Teil des Anstiegsweges von der Neuen Traunsteiner Hütte.

WAGENDRISCHELHORN • 2251 m

Auf den markanten „Gugelhupf" der Reiteralpe

  8 km 5:00 h  694 hm 694 hm 14

START | Neue Traunsteiner Hütte, 1560 m
[GPS (Hütte) : UTM Zone 33 x: 334.770 m y: 5.277.320 m]
CHARAKTER | Gut begehbare Almwege und – in der Roßgasse und im Gipfelbereich – steilere und felsige Bergsteige.

Im Süden der Reiteralpe zeigen sich die Hauptgipfel mit imposanten Abstürzen und bilden von Ramsau aus gesehen ein grandioses Bergpanorama. Kaum zu glauben, dass von der anderen Seite über die karstige Hochfläche etliche dieser Gipfel relativ leicht zu besteigen sind. Auch der markante Gipfel des Wagendrischelhorns, seiner Form wegen oft als Gugelhupf bezeichnet, ist ein beliebtes Ziel.

▶ Wir starten an der **Neuen Traunsteiner Hütte** 01 und folgen dem Weg, der uns an der Alten Traunsteiner Hütte und der **Verzweigung mit dem Alpasteig** 02 vorbei und über die so genannte **Roßgasse** in eine steinige Mulde hochführt.

Wenig später verzwegt sich der Weg und wir folgen dem nicht zu übersehenden Schild „Wagendrischelhorn/Mayrbergscharte". Rechts die eindrucksvollen Felsen des Großen Häuselhorns im Blick, steigen wir durch das Roßkar direkt auf unser Gipfelziel zu. Am Fuß des Wagendrischelhorns stoßen wir erneut auf eine Weggabelung.

01 Neue Traunsteiner Hütte, 1560 m; 02 Verzw. Alpasteig, 1600 m;
03 Wagendrischelhorn, 2251 m

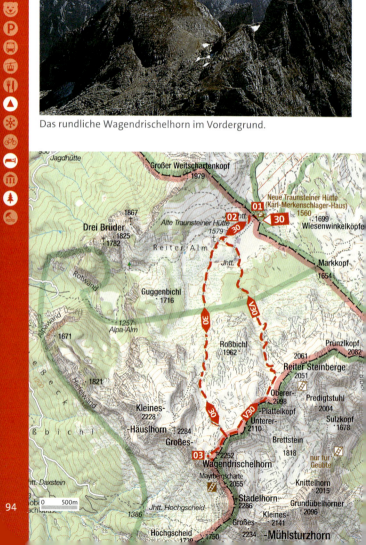

Das rundliche Wagendrischelhorn im Vordergrund.

Der Steig führt links weiter durch das Wagendrischelkar zur ausgeschilderten Mayrbergscharte, aber unser Weiterweg hält sich rechts. Wir gelangen durch eine ausgeprägte Mulde problemlos auf den breiten Bergrücken und über ihn in etlichen Serpentinen zum runden Gipfelplateau des **Wagendrischelhorns 03**.

Wir genießen eine beeindruckende Aussicht auf die benachbarten, meist nur wenig höheren Berggipfel, besonders in die steilen Flanken des südlich gelegenen Stadelhorns, mit 2286 m die höchste Erhebung der gesamten Reiteralpe.

Für den **Abstieg** gibt es – wenn wir nicht den beschriebenen Anstiegsweg benützen – eine ausgeschilderte und markierte Alternative, die nur wenig mehr Zeit in Anspruch nimmt.

Wir gehen in die Mulde am Fuß des Gipfelrückens zurück, halten uns dort rechts, steigen etwas an und wandern über den flachen und grasbewachsenen Kamm der Plattenköpfe nordöstlich weiter.

Wenn wir auf den von rechts hoch führenden Böslsteig (s. Tour 33) stoßen, wenden wir uns nach links und wandern durch die **Steinberggasse** hinab.

Immer dem Weg 472 folgend gelangen wir schließlich durch lichten Lärchenwald auf den Anstiegsweg und zurück zur **Neuen Traunsteiner Hütte.**

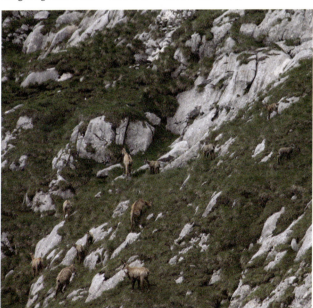

Auf der Reiteralpe trifft man nicht selten auch auf Wandergruppen der etwas anderen Art.

31 EDELWEISSLAHNERKOPF • 1953 m

Aussichtsberg am östlichen Ende der Reiteralpe

  8 km 3:30 h  430 hm 430 hm 14

START | Neue Traunsteiner Hütte , 1560 m
[GPS (Hütte) : UTM Zone 33 x: 334.770 m y: 5.277.320 m]
CHARAKTER | Gut begehbarer, markierter Bergsteig mit einigen steileren Passagen in teilweise stark verkarstetem Felsgelände.

Der Weg quer über das Plateau der Reiteralpe ist ein ständiges Auf und Ab mit vielen Richtungswechseln. Die latschenbewachsene und mit vielen Felsen übersäte Karsthochebene bietet auch nur eine relativ eingeschränkte Fernsicht. Man kann sich gut vorstellen, dass bei schlechten Sichtverhältnissen (besonders bei Nebel) sehr schnell eine gewisse Orientierungslosigkeit eintreten kann, und nicht wenige Bergwanderer sind unfreiwillig schon ein paar Meter mehr gegangen, bis sie wieder auf dem richtigen Weg waren. Man sollte sich also stets über die aktuelle Wettersituation

Dreh- und Angelpunkt auf der Reiteralpe und Ausgangspunkt vieler Wandertouren ist die Neue Traunsteiner Hütte.
informieren.

Abstiegsvariante

Der Abstieg nach Nordosten, über einen geröligen, steilen Felsabbruch, führt auf einen Grat, der rot markiert sehr steil und mühsam nach rechts Richtung Hintersee hinabführt und auf den Anstiegsweg zur Eisbergscharte (siehe Tour 32) trifft.
Dieser Abstiegsweg ist aber nur Erfahrenen zu empfehlen und verlangt absolut trockene Verhältnisse.

▶ Wenige Meter von der **Neuen Traunsteiner Hütte** 01 entfernt, bei der Verzweigung des Anstiegsweges über die Saugasse (siehe Tour 26), folgen wir der Beschilderung zum Edelweißlahner (Nr. 474). Auf dem steinigen Pfad steigen wir durch die felsige Karstlandschaft und durch Latschenholz in südöstlicher Richtung an.

Immer wieder geht es leicht bergab oder eben in grasbewachsenen, karstigen Mulden dahin, dann unterbrechen steile, aber relativ leicht zu überwindende Felsrinnen

01 Neue Traunsteiner Hütte, 1560 m; **02** Edelweißlahnerkopf, 1953 m

und -durchschlüpfe den deutlich und gut markierten Steig. Nach über einer Stunde eröffnet sich bei einem besonders markanten Felsdurchstieg der Blick nach vorn zu den vor uns liegenden Berggipfeln. Der weitere leichte Anstieg führt nochmals über eine längere und steilere Passage nach oben und gibt den Blick frei zum Gipfelkreuz des Edelweißlahner.

Wir stoßen bald darauf auf die Abzweigung zum Schottmalhorn, ein Pfad, der rechts über die Reiter Steinberge zum Böslsteig führt. Wir halten uns jedoch weiter nach links und steigen die letzten Meter über verkarstete und schottrige Felsen zum recht schlichten Holzkreuz des **Edelweißlahnerkopfes** **02** hinauf. Ein bemerkenswerter Tiefblick zum Hintersee belohnt unsere Mühen. Gegenüber erhebt sich der mächtige Hochkalterstock. Zudem lässt sich von hier das gesamte Hochplateau der Reiteralpe gut übersehen.

Der **Abstieg** verläuft über den Anstiegsweg.

NEUE TRAUNSTEINER HÜTTE • 1560 m

Knackiger Anstieg über die Eisbergscharte

  9 km 5:00 h 867 hm 100 hm  14

START | Ramsau, Hintersee, 790 m
[GPS: UTM Zone 33 x: 338.580 m y: 5.274.930 m]
CHARAKTER | Bergpfade, im oberen Teil des Anstiegs steiler und anstrengender Steig mit etlichen Drahtseilsicherungen und einer Leiterstelle.

Der kurze und steile Anstieg vom Hintersee aus zur Eisbergscharte verlangt etwas Bergerfahrung und sollte nur von Geübten angegangen und nur bei guten Verhältnissen angegangen werden. An einigen Stellen ist die Zuhilfenahme der Hände nicht zu vermeiden.

▶ Von **Hintersee** 01 folgen wir zunächst dem markierten Wanderweg zur Halsalm, bis dann rechter Hand – kurz vor dem Antonigraben – ein Steig in nördlicher Richtung, nach rechts oben abzweigt. Diesem folgen wir aufwärts bis unmittelbar unter die Felswände des Edelweißlahner. Nach einer kurzen Rechtsquerung treffen wir auf eine riesengroße, auf die Felsen aufgemalte und kaum zu übersehende rote Markierung, die uns nach links zum sehr steilen und äußerst mühsamen Aufstieg in Richtung Edelweißlahner und nach rechts zum Eisberg weist. Eng an die Felsen auf der linken Seite haltend steigt man steil hoch, bis man zu einer Drahtseilstelle an den beginnenden Felsaufschwüngen gelangt.

In die Felsen einsteigend steht man kurz darauf vor einer luftigen Eisenleiter, die einem hilft, einen

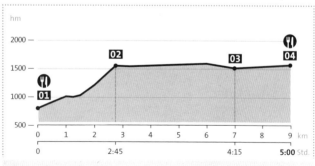

01 Hintersee, 790 m; 02 Eisbergscharte, 1557 m; 03 Wachterlsteig, 1500 m; 04 Neue Traunsteiner Hütte, 1560 m

Am Hintersee startet der Anstieg zur Eisbergscharte.

Versicherungen im steilen Teil der Eisbergscharte.

Steilabbruch zu überwinden. Etliche Drahtseilsicherungen und an einer Stelle auch Eisentritte erleichtern den weiteren Aufstieg. Erst wenn man bei einem mächtigen Felsblock auf eine fast unleserliche, nach rückwärts weisende Markierung trifft, hat man die eigentlichen Schwierigkeiten überwunden.

Über die **Eisbergscharte 02** gelangt man auf die angenehm ebene Hochfläche, kann einen Abstecher auf den nur etwa eine halbe Stunde entfernten und durch die Latschen leicht zu ersteigenden Eisberg machen und dann nach einer ausgiebigen Rast den rund zweistündigen Rückweg antreten.

Wir wandern aber weiter geradeaus und folgen in gemütlichem Auf und Ab den blassen Markierungen und häufigen Steinmännern über die karstige Hochfläche

der Reiteralpe in Richtung Neue Traunsteiner Hütte.

Nach einer leichten Abwärtspassage trifft man bei auffallenden gelben Markierungen auf den von der Schwarzbachwacht hochkommenden **Wachterlsteig** 03, auf dem man linkshaltend in etwa einer Stunde über die so genannte Saugasse nahezu eben zur **Neuen Traunsteiner Hütte** 04 gelangt.

Abstiegsvariante

Alternativ möglich ist auch der Abstieg über den Wachterlsteig zur Schwarzbachwacht (s. Tour 26) und entweder zu Fuß ca. 1 Std. auf dem König-Max-Weg oder mit dem Bus zurück nach Hintersee.

33 REITER STEINBERGE • 2061 m

Herausforderung für Geübte: der Böslsteig

  8 km 6:30 h 1301 hm  1301 hm 14

START | Ramsau, Hintersee, 790 m, Parkplatz an der Hirschbichl-straße [GPS: UTM Zone 33 x: 337.900 m y: 5.274.000 m]
CHARAKTER | Wiesen- und Waldpfad im unteren Teil, der zweite Abschnitt ist ein stellenweise mit Drahtseil versicherter, steiler Felssteig.

Der Böslsteig ist von den vielen Möglichkeiten zur Neuen Traunsteiner Hütte zu gelangen sicher eine der interessantesten. Dieser Anstieg sollte aber nicht unterschätzt und nur von einigermaßen erfahrenen Berggehern in Betracht gezogen werden, denn es handelt sich um eine lange Tour ohne Einkehrmöglichkeiten unterwegs – und es sind auch einige schwierigere Stellen zu überwinden.

Durch die sog. Halsgrube schlängelt sich ein schöner Wiesenpfad.

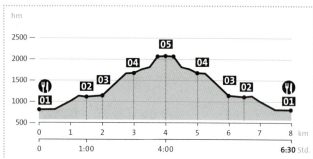

01 Hintersee, Hirschbichlstraße, 800 m; **02** Verzw. Halsalm, 1100 m; **03** Marterl/Böslsteig, 1130 m; **04** Wagendrischelkar, 1660 m; **05** Reiter Steinberge, 2061 m

Vom **Parkplatz 01** gehen wir auf der Hirschbichlstraße am rechts gelegenen Nationalparkhaus entlang, bis nach wenigen Minuten rechts die Abzweigung zu den Reiter Steinbergen über den Bößlsteig ausgeschildert ist. Wir verlassen den Asphalt und wandern auf der bald ordentlich ansteigenden Forststaße in Kehren bergauf. Nach einem letzten steilen Wegstück wird es flacher, der Weg fällt im schattigen Wald leicht ab und wir erreichen die markierte **Wegverzweigung zur Halsalm 02**.

Wir biegen hier links ab auf einen bald schmäler werdenden Waldpfad, der zunächst leicht abfällt und sich dann schön durch den schattigen Wald schlängelt. Wir durchqueren die sog. Halsgrube, verlassen kurzzeitig den Wald

Holzleitern am Steiganfang.

unterhalb der rechts aufragenden Felswände und steigen dann deutlich stärker an. Der Pfad wird steiler und steiniger, der Baumbestand niedriger und die Tour dadurch immer sonniger.

Bei einem **Gedenkmarterl 03** stoßen wir auf den ersten großen Felsblock. Über teils altersschwache und nur mit Vorsicht zu begehenden Holzleitern gewinnen wir rasch an Höhe. An einer Felswand entlang steigen wir an, bis links ein Drahtseil auftaucht und wir einen scharfen Linksschwenk machen.

Wir queren am Fels entlang – drahtseilgesichert – und steigen über in den Fels gehauene Steinstufen weiter hoch. Nach den steilen und anstrengenden Drahtseilpassagen folgt dann eine nur noch

Drahtseile in den Steilpassagen.

mäßig steile, längere Querung nach rechts zu einer Art Sattel. Nach einem sehr steilen und kiesigen Geröllfeld durch Latschen hinauf und über eine Felsstufe rechts hoch (Markierung beachten!).

Auf gut gestuftem Fels weiter hoch zu dem sich zäh nach oben ziehenden felsigen **Wagendrischelkar 04**, mit mehreren flacheren Absätzen.

Bei einer Linkstraverse überqueren wir ein kleines Wasserrinnsal, bevor es wieder einen kleinen Felsriegel zu überwinden gilt und wir weiter in dem steinigen Kar ansteigen. Nach einer weiteren Linkstraverse geht es wieder direkter hoch und wir erreichen schließlich, vorbei an Steinmännern und je nach Jahreszeit unterschiedlich großen Altschneefeldern, die jetzt immer grüner werdende Hochfläche der **Reiter Steinberge 05** mit den schon von weitem gut sichtbaren gelben Wegverzweigungsschildern.

Von dieser Hochfläche können wir geradeaus über die **Steinberggasse** zur Neuen Traunsteiner Hütte hinabwandern (ca. 1:30 Std.), links hinüber zum Wagendrischelhorn (1 Std.) oder zum Stadelhorn (1:15 Std.). Nach rechts ist in wenigen Minuten der Prünzlkopf und in rund 1:30 Std. der Edelweißlahnerkopf zu erreichen.

Der **Abstieg** verläuft über den Anstiegsweg.

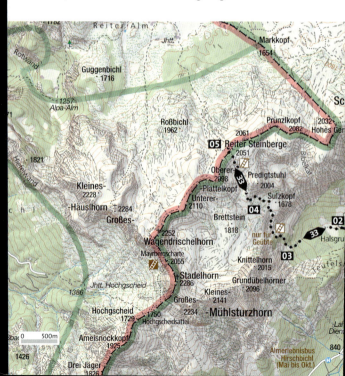

Auf der Hochfläche der Reiter Steinberge.

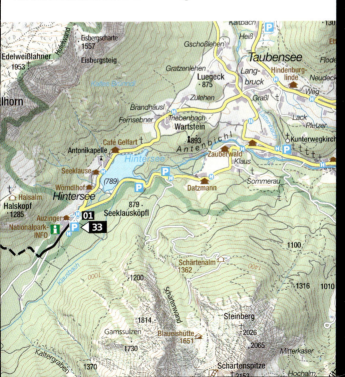

34 BLAUEISHÜTTE • 1680 m

Das Tor zum nördlichsten Gletscher der Alpen

  10,5 km 4:15 h 880 hm 880 hm 14

START | Ramsau, Hintersee, Parkplatz an der Staatsstraße, 800 m [GPS: UTM Zone 33 x: 339.280 m y: 5.274.720 m]
CHARAKTER | Anfangs breiter Forstweg, dann im oberen Teil recht steiler, aber gut begehbarer Bergpfad.

Der Blaueisgletscher

Für alle, die einen Ausflug an den Fuß des immer kleiner werdenden Gletschers machen, sollte dort, wo sich der Gletscher geröllfrei und steiler zeigt, Schluss sein. Die meist vorhandenen Fußstapfen dürfen nicht dazu verleiten, sich zu weit nach oben zu wagen. Trotz seines harmlosen Aussehens hat der Blaueisgletscher schon etliche Opfer gefordert.

Der Hochkalterstock ist ein imposantes Bergmassiv, das mit dem eingerahmten Blaueisgletscher eine Rarität auf deutschem Boden aufweist. Die leicht zu erwandernde und sehr gut bewirtschaftete Blaueishütte ist ein idealer Stützpunkt, um sich dieses Schauspiel aus nächster Nähe anzuschauen. Zum Weiteren bietet die Blaueishütte vielfältige alpine Möglichkeiten. Wanderer, Kletterer, Eisgeher – alle finden hier etwas.

▶ Vom großen **Parkplatz** 01 überqueren wir die Straße und marschieren auf breitem Forstweg in ansteigenden Kehren nach

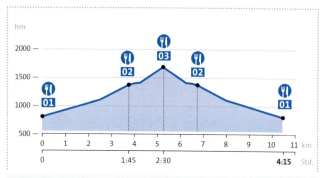

01 Ramsau, Parkplatz Staatsstraße, 800 m; 02 Schärtenalm, 1362 m; 03 Blaueishütte, 1680 m

oben. Der Weg ist gut markiert und die scharfe Abzweigung auf einen schmaleren Pfad nach links ist nicht zu übersehen. In teilweise recht steilen Kehren steigen wir nun gemächlich immer dem schattigen Weg folgend weiter auf, bis plötzlich nach einer besonders steilen Stelle vor uns die **Schärtenalm** 02 auftaucht.

Direkt neben dem Weg gelegen, lädt sie zu einer gemütlichen Pause ein. Ein kurzes Stück fast eben dahin, über eine stabile Holzbrücke hinüber, gelangen wir zur Talstation der Materialseilbahn. Hier zweigt vom breiteren Weg nach links ein schmaler Pfad ab (Schild). In engen Serpentinen führt uns dieser gut angelegte Steig ziemlich steil nach oben. Zuerst nach links an die Felsen heran, unterhalb denen wir entlang hochsteigen. Im oberen Teil dieser bewaldeten Steilstufe halten wir uns rechts und erblicken erst im letzten Moment bevor wir sie er-

Blick über die Blaueishütte zum Hintersee hinab.

reichen die stattliche und schön gelegene **Blaueishütte** 03.

Abstieg wie Aufstieg.

SCHÄRTENSPITZE • 2153 m

Der Hausberg der Blaueishütte

 3 km 2:30 h 473 hm 473 hm 14

START | Blaueishütte, 1680 m
[GPS (Hütte): UTM Zone 33 x: 339.800 m y: 5.272.570 m]
CHARAKTER | Markierter, stellenweise gesicherter und gut zu begehender Steig; Trittsicherheit von Vorteil, sauberes Gehen erforderlich, um keinen Steinschlag auszulösen.

Blick hinüber zum Gipfelgrat der Schärtenspitze.

Die aussichtsreiche Schärtenspitze, unmittelbar neben der Blaueishütte, ist von dieser aus schnell und einfach zu erreichen. Aber auch von Ramsau aus ist diese Tour für einigermaßen Trainierte kein Problem, gibt es doch zwei motivationsfördernde Einkehrstätten am Weg. An den riesigen Felsbrocken naheder Blaueishütte und am Fuß der Schärtenspitze kann man auf den leicht geneigten Platten oft Kletterer beobachten.

▶ Von der **Blaueishütte** 01 (Hüttenanstieg s. Tour 34) wandern wir auf dem markierten Weg in Richtung Blaueisgletscher zuerst nur leicht bergan. Durch riesige Felsbrocken schlängelt sich der Pfad nach oben. Bald passieren wir eine Abzweigung nach rechts. Dieser Pfad, der eisfreie Normalanstieg zum Hochkalter (s. Tour 38), windet sich über ein breites Schuttkar hinauf zum „Schönen Fleck".

Wir verfolgen unseren Anstiegsweg weiter in Richtung Gletscher, bis er sich in der Nähe eines riesigen Felsblocks nach links wendet und an den Fuß der Schärtenwand führt. Über die begrünten, schrofigen Hänge queren wir stetig steigend in den bereits von der Hütte aus gut sichtbaren Serpentinen

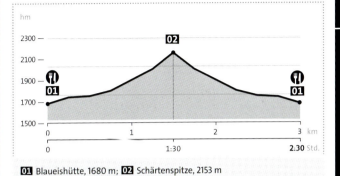

01 Blaueishütte, 1680 m; **02** Schärtenspitze, 2153 m

nach oben. Unter uns immer im Blick die wunderschön eingebettete Blaueishütte.

Der kehrenreiche Aufstiegspfad führt uns in einer lang ansteigenden Querung in nördlicher Richtung teilweise steil, aber immer gut gesichert auf den Grat hinauf, wo wir uns wieder nach Norden wenden und in wenigen Minuten das Gipfelkreuz der **Schärtenspitze** **02** erreichen.

Der Ausblick ist grandios, schon beim Anstieg hatte man immer wieder den Blaueisgletscher im Blick. Von oben präsentieren sich jetzt die Ramsau und das Wimbachtal, über dem der Watzmann die Blicke auf sich zieht.

Der **Rückweg** zur Blaueishütte verläuft auf dem Anstiegsweg. Beim weiteren Abstieg von der Hütte können wir – je nach Zielpunkt bzw. Autostandort – zum Parkplatz „Staatsstraße" oder, kurz nach der Schärtenalm rechts ab, auch direkt nach Ramsau absteigen.

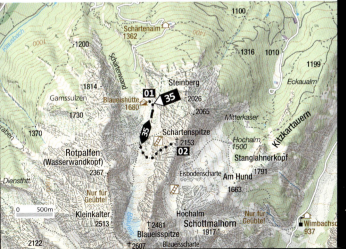

SCHÄRTENSPITZE • 2153 m

Große Rundtour über die imposante Eisbodenscharte

  12,25 km 7:45 h 1473 hm 1473 hm 14

START | Ramsau-Dorf, Parkplatz Pfeiffenmacherbrücke, 680 m
[GPS: UTM Zone 33 x: 341.230 m y: 5.274.800 m]
CHARAKTER | Nach gemächlichem Anfang steile und ausgesetzte Felssteige, stellenweise gesichert (Drahtseile). Trittsicherheit, Schwindelfreiheit und gute Kondition Voraussetzung.

▶ Wir beginnen unsere Rundtour in Ramsau beim Parkplatz an der **Pfeiffenmacherbrücke 01** und folgen zuerst dem Fahrweg in Richtung Blaueishütte/Schärtenalm. Wir bleiben auf dieser Forststraße, die uns problemlos und gemächlich ansteigend schließlich zur **Eckaualm 02** hinaufleitet.

Nun geht es steiler und auf schmalem Pfad durch schattigen Wald weiter nach oben. Nachdem wir eine freie Wiesenfläche passiert haben, erreicht unser Steig die **Hochalm 03**.

Jetzt nicht zur Hochalmscharte weitergehen (von dort führt ein Steig steil ins Wimbachtal hinab, s. Tour 37), sondern unmittelbar beim Almgebäude (Schild) rechts abzweigen und den Markierungen folgen, die uns über Schotter und Fels direkt an den Fuß der Wandabstürze der Schärtenspitze heranführen. Es folgt ein steiler Abschnitt, der uns hoch zur **Eisbodenscharte 04** bringt (Drahtseilversicherungen sind angebracht). Dort scharf rechts und über den markierten und gesicherten Grat zur **Schärtenspitze 05** hinübergehen.

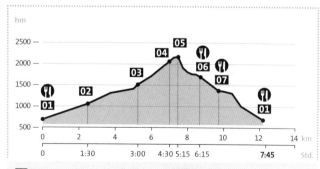

01 Ramsau, Pfeiffenmacherbrücke, 680 m; **02** Eckaualm, 1047 m;
03 Hochalm, 1500 m; **04** Eisbodenscharte, 2049 m; **05** Schärtenspitze, 2153 m;
06 Blaueishütte, 1680 m; **07** Schärtenalm, 1362 m

Der eindrucksvolle, mit Drahtseilen versicherte felsige Anstieg zur Eisbodenscharte.

Auf dem Weg zur Blaueishütte. Die rote Markierung zeigt rechts die Abzweigung zum Hochkalter (über den „Schönen Fleck"), geradeaus führt der Weg zum sichtbaren Blaueisgletscher und nach links hinüber verläuft der Anstieg zur Schärtenspitze.

Abstieg: Vom Gipfel folgen wir den Markierungen dann abwärts zur Blaueishütte, die von oben bald gut sichtbar im Talkessel liegt.

Der Abstiegsweg zieht sich diagonal über die nördliche Seite der Schärtenspitze hinab; teils auf schottrigem Pfad (stellenweise Sicherungen, Leiter). Schöne Tiefblicke zum Blaueisgletscher begleiten uns.

Nach einer ausgiebigen Rast in der gut geführten und auch meist gut besuchten **Blaueishütte 06** steigen wir – falls wir uns nicht entschlossen haben, hier zu nächtigen – über den schön angelegten Steig weiter ab, bis wir die Talstation der Materialseilbahn, einen breiten Weg und bald darauf die **Schärtenalm 07** erreichen.

In steilen Kehren geht es auf dem breiten Weg hinab, und wir müssen Acht geben, dass wir die etwas unterhalb der Schärtenalm ausgeschilderte Abzweigung nicht übersehen, die uns durch den Wald nach rechts hinunterführt und uns nach Ramsau und zu unserem Ausgangspunkt zurückbringt.

HOCHALMSCHARTE • 1599 m

Rundtour über Wimbachklamm und Hochalm

  11,75 km 5:15 h 949 hm 949 hm 14

START | Ramsau, Parkplatz Wimbachbrücke, 650 m
[GPS: UTM Zone 33 x: 343.950 m y: 5.274.230 m]
CHARAKTER | Steiler, teils ausgesetzter Bergsteig zwischen Wimbachschloss und Hochalmscharte (stellenweise versichert); sonst problemlose Pfade und Wege.

Mitten im Wald: Die Hochalm.

Ein bequemer Wanderweg steht am Anfang unserer Tour; außerdem gleich ein interessanter Abstecher zur Wimbachklamm, den wir uns trotz der Gebührenpflicht leisten sollten.

▶ Von der **Wimbachbrücke** 01 folgen wir – nach dem Abstecher durch die Klamm – nur leicht ansteigend dem breiten, schottrigen Bachbett und gelangen bequem zum **Wimbachschloss** 02, einem ehemaligen Jagdschloss der bayerischen Könige. Interessant ist die Vorstellung, dass sich das östliche Paralleltal mit dem Königssee gefüllt hat, während hier ein unendlicher Schuttstrom verwittertes Gestein langsam, aber sicher nach unten befördert.

Unmittelbar hinter dem Wimbachschloss nehmen wir den nach rechts abzweigenden Jagdsteig in Angriff, der bald steil ansteigend in engen Kehren durch den Stanglahnergraben hinaufführt. Dieser Steig verläuft über Schrofen, durch Wald und überwindet mehrere Steilstufen. Er ist stellenweise ausgesetzt und mit Drahtseilen gesichert, aber durchaus gut zu begehen.

Hat man dann die **Hochalmscharte** 03 erreicht, geht es über die freie Hochfläche leicht fallend zur versteckt liegenden **Hochalm** 04 hinüber. Beeindruckender Tiefblick ins Wimbachtal und hinüber zur Westwand des Watzmann.

Steiler und kehrenreich geht es durch Wald und über Wiesen hinab zur **Eckaualm** 05 und auf breiterem Weg Richtung Ramsau. Wir dürfen nicht verpassen, kurz nach der Eckaualm die Abzweigung nach rechts zu nehmen, die uns über den Schattseitweg direkt ins Wimbachtal und zur Wimbachbrücke 01 zurückbringt.

01 Wimbachbrücke, 650 m; **02** Wimbachschloss, 937 m; **03** Hochalmscharte, 1599 m; **04** Hochalm, 1500 m; **05** Eckaualm, 1047 m

HOCHKALTER • 2607 m

Gipfelanstieg über den „Schönen Fleck"

  6,75 km 6:00 h 927 hm 927 hm 14

START | Blaueishütte, 1680 m
[GPS (Hütte): UTM Zone 33 x: 339.800 m y: 5.272.570 m]
CHARAKTER | Mehrere leichte Kletterstellen, teilweise versichert; Trittsicherheit und Bergerfahrung sind notwendig.

Der Hochkalter-Anstieg über den Schönen Fleck ist ein häufig begangener und lohnender Weg. Dennoch sollte er nicht unterschätzt werden: Er ist lang und weist einige Stellen auf, bei denen Trittsicherheit, Schwindelfreiheit und etwas Klettervermögen gefragt sind. Imposant ist der ständige Tiefblick, den man besonders zum Blaueisgletscher hinunter hat, da man sich weitgehend direkt am Grat entlang bewegt.

▶ Von der **Blaueishütte** 01 gehen wir leicht ansteigend auf dem gut markierten Weg direkt auf den Gletscher zu, bis die Markierung bei mächtigen Felsblöcken nach rechts weist und der Weg durch eine riesige Schuttrinne in steilen Kehren nach oben führt. Dort treffen wir auf das erste Hindernis. Über eine steile, aber gut griffige Platte hangeln wir uns nach oben, halten uns etwas links und gelangen so in eine Gratscharte, den so genannten **Schönen Fleck** 02.
Weiter links haltend geht es hinauf, zwischen Felsen hindurch und eine felsige Rinne hoch, bei der man durchaus die Hände benutzen darf. Wir halten uns am Grat, entlang, mit Aussicht ins Hinterseetal und zur Reiter Alm hinüber, überklettern einen weiteren Felsaufschwung und folgen dem jetzt breiteren und leichteren Pfad.

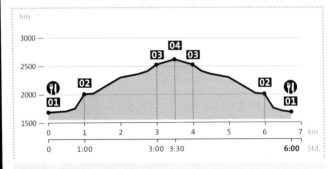

01 Blaueishütte, 1680 m; 02 Schöner Fleck, 2000 m;
03 Kleinkalter, 2513 m; 04 Hochkalter, 2607 m

Der Gratverlauf zum Hochkalter, rechts der Wasserwandkopf.

Wir überwinden mehrere Erhebungen, halten uns meist am Grat und gelangen auf dem schönen Höhenweg nach 3 Std. zum **Kleinkalter** **03**. Beim Weitersteigen geht es wieder leicht bergab, in eine Scharte hinunter, bevor man die letzten steilen Meter zum **Hochkalter** **04** hochklettert. Ein traumhafter Ausblick belohnt uns am Gipfelkreuz.

Der **Abstieg** erfolgt über den Anstiegsweg. Bei den steilen Platten sind Abseilringe angebracht, so dass man – wenn im Rucksack dabei – mit einem kurzen Seil (20 m) beim Abstieg sichern kann. An den Steilstufen ist auch verstärkt auf die Vermeidung von Steinschlag zu achten.

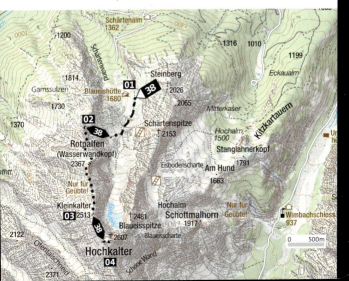

39 HOCHKALTER • 2607 m

Der abwechslungsreiche Anstieg über das Ofental

  17,5 km 8:00 h 1807 hm 1807 hm 14

START | Ramsau, Hintersee, 790 m, Parkplatz an der Hirschbichlstraße [GPS: UTM Zone 33 x: 337.900 m y: 5.274.000 m]
CHARAKTER | Zu Beginn leichte Waldwege, dann steilere Pfade durch Latschen und Geröll, im Gipfelbereich leichte Kletterei, oft sind noch Altschneefelder zu queren; keine Einkehrmöglichkeit unterwegs!

▶ Kurz nach dem **Parkplatz 01** verlassen wir die Fahrstraße nach links und folgen dem Kiesweg durch den Nationalpark (Schild). Wir passieren den „Heiratsstein" und überqueren kurz danach auf einer **Brücke 02** den Bach, dem Schild „Hochkalter/Ofental" folgend.

In mehreren großen Kehren steigen wir moderat an, meist schattig im Wald, aber immer wieder mit schönen Ausblicken hinüber zur Reiteralpe. Nach etwa einer Stunde geht der breite Waldweg in einen schmalen Pfad über und

Der erste Teil des Anstiegs.

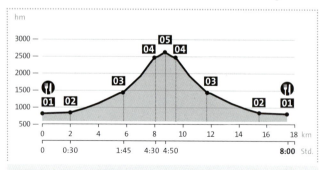

01 Hintersee, 800 m; **02** Brücke, 830 m; **03** Ofental, 1400 m; **04** Ofentalscharte, 2450 m; **05** Hochkalter, 2607 m

Das Ofental in seiner ganzen steinig-kargen Pracht.

nach weiteren Links- und Rechtsschwenks lichtet sich der Wald und der Pfad schlängelt sich durch eine pflanzenreiche Hochebene.

Vor uns baut sich das **Ofental** 03 , ein gewaltiges baumfreies Schuttkar auf, links und rechts von hohen Felswänden flankiert. Über Geröll und Kies steigen wir in engen, teils recht steilen Serpentinen mühsam hoch. Je nach Jahreszeit queren wir mehr oder weniger große und steile Altschneefelder, bis wir uns linkshaltend den Felsen nähern. Wir überwinden steilere Felsstufen und erreichen mit leichter Kletterei – auch hier teils durch Altschneereste erschwert – schließlich die **Ofentalscharte** 04 , die uns tolle Tiefblicke ins Wimbachtal eröffnet.

Nach einer weiteren Steilstufe traversieren wir fast eben nach links, bevor wir wieder durch ein Felskar steil nach oben steigen. Der Weiterweg ist gut zu erkennen, auch das Gipfelkreuz lässt sich schon sehen. Nach teils leichter Kra-

Steile Altschneefelder machen den Auf- und den Abstieg spannend.

xelei erreichen wir die dann die Gipfelscharte, wo es in wenigen Minuten rechts hinüber geht, zum Holzkreuz des **Hochkalter** 05.

Der **Abstieg** verläuft auf dem Anstiegsweg. In den Schuttkaren und auf den Schneefeldern lässt sich – wenn man es kann – durch „Abfahren" ordentlich Zeit gewinnen.

Abstieg im Gipfelbereich des Hochkalter.

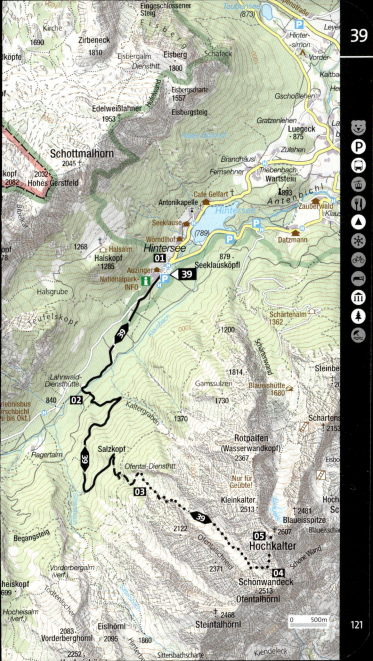

WATZMANNHAUS • 1930 m

Ein berühmter Treff- und Aussichtspunkt

  15 km 6:30 h 1300 hm 1300 hm 14

START | Ramsau, Parkplatz Wimbachbrücke, 650 m
[GPS: UTM Zone 33 x: 343.950 m y: 5.274.230 m]
CHARAKTER | Unschwierige Berg- und Almpfade; der Alternativ-Abstieg über die Kührointhütte verlangt Trittsicherheit am stellenweise gesicherten Falzsteig.

Der Watzmann ist das im besten Wortsinne herausragende und sicherlich wohl auch bekannteste Wahrzeichen der Berchtesgadener Berge, ein Topziel für alle Bergsteiger. Aber auch der normale Wanderer hat seine Chance, diesem Koloss nahe zu kommen, denn das Watzmannhaus am Fuße dieses imposanten Massivs ist ein relativ einfach zu erreichendes Wanderziel.

Nicht zuletzt deshalb darf man nicht davon ausgehen, dass der Hüttenanstieg zum Watzmannhaus eine einsame Angelegenheit ist. Wer übernachten will, sollte sich anmelden und sich auch rechtzeitig auf den Weg machen.

▶ Nach dem Start an der **Wimbachbrücke** 01 erleben wir gleich zu Beginn der Wanderung in der **Wimbachklamm** 02 den ersten Höhepunkt; der (gebührenpflichtige, 2 EUR) kleine Umweg lohnt sich auf jeden Fall. Anschließend wandern wir leicht ansteigend in großen Kehren auf dem markierten Weg Nr. 441 zur **Stubenalm** 03 hinauf. Der Weg führt dann

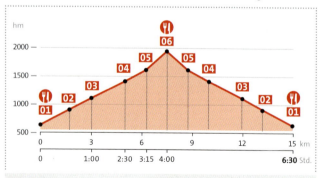

01 Ramsau, Wimbachbrücke, 630 m; 02 Wimbachklamm, 953 m;
03 Stubenalm, 1100 m; 04 Mitterkaseralm, 1400 m; 05 Falzalm, 1600 m;
06 Watzmannhaus, 1930 m

Das Gebirgsmassiv des Watzmanns ist wohl eines der am besten bekannten Motive der Berchtesgadener Alpen.

Blick von der Falzalm zum Hocheck, rechts auf dem Falzköpfl ist das Watzmannhaus zu erkennen.

weiter über die **Mitterkaseralm** 04 und jetzt zunehmend steiler werdend zur **Falzalm** 05. Über teilweise freie Hänge schlängelt sich der gut angelegte Steig deutlich steiler zum schon seit längerer Zeit sichtbaren **Watzmannhaus** 06 hoch. Das auf dem Falzköpfl platzierte Alpenvereinshaus ist ein äußerst aussichtsreicher Logenplatz.

Abstieg: Wer nicht übernachten und auch nicht den gleichen Weg zurückgehen will, hat ab der Falzalm eine attraktive, aber etwas längere und mehr Zeit beanspruchende Alternative: Über den anfangs felsigen und steilen **Falzsteig** (Nr. 442) – einige Drahtseilsicherungen sind im ersten Teil des Steigs angebracht –, erreichen wir zum Schluss gemütlich querend in gut 1 Std. die bewirtschaftete Kührointhütte.

Wenige Meter vor den Almgebäuden zweigt ein markierter Pfad links ab, quert zuerst den Fahrweg, der zur Kührointhütte führt, und verläuft dann auf diesem gemächlich abwärts führend zur Schapbachalm. Dort folgen wir der nun sehr bequemen, teils etwas langweiligen Fahrstraße, halten uns dann aber links (in Richtung Ramsau ausgeschildert) und gelangen so wieder zur **Wimbachbrücke** 01 und zum Ausgangspunkt zurück.

Das aussichtsreiche Watzmannhaus ist ein beliebtes Tourenziel und Zwischenstation oder Ausgangspunkt für lange und schwierigere Bergtouren.

41 HOCHECK • 2651 m, WATZMANN-MITTELSPITZE • 2713 m

Am höchsten Grat in den Berchtesgadener Alpen

 7 km 5:00 h 805 hm 805 hm 14

START | Watzmannhaus, 1930 m
[GPS: UTM Zone 33 x: 344.610 m y: 5.270.720 m]
CHARAKTER | Bis zum Hocheck guter Bergsteig mit drahtseilversicherten Stellen im Schlussbereich. Zur Mittelspitze sehr ausgesetzte und luftige Gratkletterei (Drahtseile und Tritthilfen). Schwindelfreiheit und Trittsicherheit werden vorausgesetzt.

Ein landschaftlich beeindruckendes und großartiges Unternehmen auf Deutschlands zweithöchstem Grat. Dank der Nähe des Watzmannhauses und der angebrachten Drahtseilsicherungen bleibt der höchste Punkt des berühmten Watzmann aber auch dem normalen Berggeher nicht verschlossen.

▶ Vom **Watzmannhaus** **01** geht es auf einem gut markierten, von der Hütte aus sichtbaren Weg in weiten Spitzkehren nach oben. Wenn sich der breite Bergrücken verengt, wird der Weg schmaler und steiler und bringt uns über Schrofen zur ersten drahtseilversicherten Stelle. Künstlich angelegte Felsstufen erleichtern uns den Aufstieg. Beeindruckend die Tiefblicke ins Watzmannkar. Unschwierig folgen wir dem Gratverlauf und erreichen nach rund 2 Std. die kleine, offene Unterstandshütte am **Hocheck** **02**.

Nun zuerst über eine schmale Stelle hinab, dann folgt man den Markierungen auf der Grathöhe oder etwas unterhalb in der West-

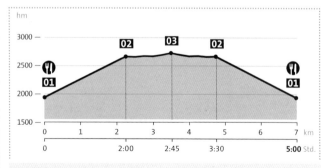

01 Watzmannhaus, 1930 m; **02** Hocheck, 2651 m;
03 Watzmann-Mittelspitze, 2713 m

Der felsige Watzmanngrat verlangt schon etwas alpine Erfahrung.

seite des Gratkammes. Mehrere ausgesetzte, aber durchwegs gut gesicherte Auf- und Abstiege bringen uns der **Mittelspitze** 03 des Watzmanns näher. Das Gipfelkreuz erreichen wir schlussendlich über ein steiler ansteigendes, mit künstlichen Stufen versehenes Plattenband.

Die Rundumsicht von diesem höchsten Berchtesgadener Aussichtspunkt aus ist faszinierend. Hochkalter, Hochkönig, Zugspitze und die Gletscher des Alpenhauptkammes präsentieren sich unseren Blicken. Wir genießen daher lieber diese Aussicht, anstatt die Gratwanderung zur nur 1 m niedrigeren Südspitze fortzusetzen; die uns hin und zurück zudem rund 2:30 Std. kosten würde. Der Abstieg von dort über das Wimbachgries ist äußerst lang, mühsam und infolge von Orientierungsproblemen gerade im oberen Bereich nicht ungefährlich.

Abstieg: Wir steigen vom Mittelgipfel auf dem Anstiegsweg ab.

KÄRLINGERHAUS • 1631 m

Über die „Saugasse" ins Steinerne Meer

 18 km 6:45 h 1106 hm 1106 hm 14

START | Königssee (Parkplatz), mit dem Schiff nach „St. Bartholomä", 604 m [GPS: UTM Zone 33 x: 348.900 m y: 5.272.800 m]
CHARAKTER | Gut ausgebauter, vor der Schrainbachalm und in der Saugasse steiler und kehrenreicher Wanderweg.

Das Steinere Meer ist eine gewaltige Hochfläche, die einiges an geologischen Besonderheiten und eine reichhaltige Flora aufweisen hat, aber auch Risiken birgt, die der Bergwanderer nicht unterschätzen sollte. Bei schlechteren Wetterverhältnissen ist die Orientierung ein Problem. Die markierten Wege sollten deshalb nicht verlassen werden. Der Anstieg über die Saugasse ist der leichteste und sicherste Zugang zum Kärlingerhaus, wenn auch nicht ganz ohne Schweißtropfen zu haben.

▶ Wir verlassen **St. Bartholmä** 01 nach Süden, folgen dem markierten Weg über die Schuttreisen des Eisbachs und spazieren am Seeufer entlang zur Wand des Burgstall hoch. An der Wand entlang und recht steil in Serpentinen aufwärts zur **Schrainbachholzstube** 02.

Weiter durch Wald hinauf, bei der Weggabelung (erste Abzweigemöglichkeit zum Trischübelpass) links haltend und über offenes Weideland nach links, bis man bei verfallenen Almgebäuden an die Felsabstürze des Simetsbergs herankommt.

Hier beginnt der schon von weitem erkennbare sonnige Aufstieg, die so genannte **Saugasse** 03, ein

01 St. Bartholmä, 604 m; 02 Schrainbachholzstube, 866 m; 03 Saugasse, 1023 m; 04 Abzw. Trischübel, 1400 m; 05 Kärlingerhaus, 1631 m

sich in Kehren zwischen den Felsen hochschlängelnder Steig.

Nach dieser eher mühsamen Passage, die besonders bei sehr heißem Sommerwetter für die oben erwähnten Schweißperlen gesorgt hat, kommen wir in der Nähe von ehemaligen Almflächen (bei der Quelle eine nach rechts weisende Tafel) an der zweiten **Abzweigung zum Trischübel** 04 vorbei.

Der weitere Weg führt nun recht gemächlich hoch zum Funtenseesattel, wo man dann unvermittelt vor sich in einer Senke das **Kärlingerhaus** 05 und auch den schön gelegenen Funtensee erblickt.

Leichte Auftaktsetappe für unsere Tour: Die Schifffahrt nach St. Bartholomä.

Der **Abstieg** verläuft auf dem Anstiegsweg, es sei denn, man nimmt oberhalb der Saugasse links die Abzweigung zum Trischübel und dann wieder rechts zur Sigeretplatte. Der Mark. 419 abwärts folgend erreicht man wieder den Anstiegsweg. Diese Variante ist aber Trittsicheren vorbehalten, da teilweise steile und ausgesetzte Holzstufen am Fels entlang nach unten führen.

Die Kehren der Saugasse sind steiler als es hier scheint.

43 KÄRLINGERHAUS • 1631 m

Aufstieg über den abwechslungsreichen Sagerecksteig

 15,5 km 7:00 h 1232 hm 1232 hm 14

START | Königssee (Parkplatz), mit dem Schiff zur Anlegestelle „Salet", 604 m [GPS: UTM Zone 33 x: 348.900 m y: 5.272.800 m]
CHARAKTER | Stellenweise steiler und schattiger Waldsteig mit Holz- und Felsstufen (Drahtseilsicherungen); bei Nässe nicht zu empfehlen.

▶ Nach der etwa 45-minütigen Bootsfahrt beginnt unsere Tour ganz gemächlich bei der Station **Salet** 01, wo wir uns auf dem mit Nr. 424 markierten Weg rechts um das See-Ende herum in Richtung Saletalm halten. Hinter dieser Einkehrstätte führt der Weg über Wiesen zuerst leicht ansteigend in den Wald hinein. Bald verengt sich der Weg und steile Kehren bringen uns rasch höher.

Die gut angelegten Serpentinen sind bei feuchten Verhältnissen etwas unangenehm, da sehr steil und stellenweise felsig. Andererseits bietet der schattige Anstieg

Der Grünsee aus einer ungewohnten (Höhlen-)Perspektive.

01 Salet, 604 m; 02 Hochfläche, 1360 m; 03 Grünsee, 1474 m;
04 Kärlingerhaus, 1631 m

Tiefblick vom Sagerecksteig auf Salet (links) und den Obersee (rechts).

an heißen Tagen auch Vorteile. An besonders steilen Felsstufen sind Drahtseilversicherungen angebracht. Holztreppen und in den Fels gehauene Stufen erleichtern das Höhersteigen beträchtlich.

Nach einer letzten Steilstufe und etwa 2 Std. erreicht man die **Hochfläche** 02 . Leicht abwärts und das ehemalige Almgelände querend, dann steigen wir wieder leicht an und treffen auf die Abzweigung zur Wasseralm (Nr. 416).

Wir halten uns rechts, steigen kurz hoch und anschließend fast eben dahin. Der Steig führt zwischen Felsen hindurch, an einer rechts herabreichenden Felswand entlang, bis man wiederum über Holzstufen ansteigend plötzlich den **Grünsee** 03 vor sich liegen sieht. Oberhalb des herrlich gelegenen Sees, der seinem Namen entsprechend in schönstem Grünton schimmert, erreicht man an seinem nördlichen Ende einen schönen Aussichtspunkt, von dem aus in wenigen Minuten der See zu erreichen ist.

Außerdem lohnt sich von hier auf schmalem Pfad rechts hoch ein Abstecher zu einer riesigen Höhle, die in einem Halbkreis ansteigend nach oben in den Berg hineinführt und einige Meter weit gut zu begehen ist (das Bild auf S. 132 ist aus der Höhle heraus gemacht).

Oberhalb des Sees auf dem markierten Weg weiter, zuerst relativ eben, dann über eine Steilstufe in Kehren hinauf. Bald darauf folgt die zweite, die sogenannte Himmelsleiter, die in steilen Serpentinen überwunden wird. Der weitere Weg führt leicht ansteigend, dann fallend um den Fuß des links liegenden Glunkerer herum und bringt uns zum Sattel, von wo wir unter uns den Funtensee und das **Kärlingerhaus** 04 sehen.

Abstieg wie auf dem Anstiegsweg.

Variante über den Feldkogel

Der Rückweg kann über den Feldkogel variiert werden, allerdings verlangt der Abstieg vom Feldkogel zum Grünsee etwas Orientierungsvermögen und absolute Trittsicherheit und Schwindelfreiheit. Etliche steile Stellen sind mit Eisenstiften versichert. Die Markierung ist spärlich, man muss auf Steinmännchen und Steigspuren achten.

Wer diesen Abstecher zum Feldkogel bereits im Aufstieg machen will, muss darauf achten, nicht in die steinschlaggefährdete Sackgasse zum Stuhljoch anzusteigen!

Üppige Vegetation am Sagerecksteig.

WASSERALM • 1416 m, KÄRLINGERHAUS • 1631 m

Über den Röthsteig zu zwei Hüttenzielen

  13,25 km 6:15 h 1336 hm 310 hm 14

START | Königssee (Parkplatz), mit dem Schiff zur Anlegestelle „Salet", 604 m [GPS: UTM Zone 33 x: 348.900 m y: 5.272.800 m]
CHARAKTER | Der Röthsteig verlangt Trittsicherheit, die Wasseralm kann als Umkehr- und als Zwischenstation benützt werden, der Übergang zum Kärlingerhaus ist lang, aber gut zu gehen.

Wer im Steinernen Meer unterwegs ist, sollte sich auf lange Tagestouren oder aber auf Übernachtungen einstellen. Besonders dann, wenn man vom Königssee aus startet, muss man sich im Klaren sein, dass die Schifffahrtspläne, genauer gesagt die Abfahrtszeiten, einen enormen Termindruck ausüben können.

Von daher ist besonders bei längeren Unternehmungen eine Übernachtung anzuraten, denn auch wenn man mit dem ersten Boot

Stufenweg am Obersee.

01 Salet, 604 m; **02** Obersee, 613 m; **03** Fischunkelalm, 620 m; **04** Verzweigung Röthsteig, 900 m; **05** Wasseralm, 1416 m; **06** Sattel/Halsköpfl, 1700 m; **07** Schwarzensee, 1568 m; **08** Grünsee, 1474 m; **09** Kärlingerhaus, 1631 m

aufbricht, hat man nur max. 8 Std. zur Verfügung.

▶ Von der Anlegestelle **Salet** 01 aus wandern wir gemütlich der Mark. 424 folgend zum **Obersee** 02 und an dessen rechtem Ufer unterhalb der Walchhüttenwand zur **Fischunkelalm** 03.

Von dort leicht ansteigend weiter zum Talschluss und links vom imposanten **Röthbach-Wasserfall** zum Fuß der Wand. Der Steig teilt sich bald darauf: links unschwierig in Richtung Landtal, wo er auf den von der Gotzenalm kommenden Wanderweg 416 trifft.

Rechts geht der versicherte, mit Holztreppen und Leitern ausgestattete **Röthsteig** 04 ab, der oberhalb des Wasserfalls den Bach überquert und dann leichter ansteigend durch den Wald zu einer Wegverzweigung unweit der von hier leicht zu erreichenden **Wasseralm** 05 hinaufführt.

Der Röthbach-Wasserfall.

Eine willkommene Einkehrmöglichkeit: Die schön gelegene Wasseralm.

(Hier lässt sich mit einem kurzen Abstecher nicht nur Rasten und Einkehren, man kann bei Bedarf die lange Tour hier auch unterbrechen und übernachten.)

Zurück zur Wegverzweigung folgen wir links der Mark. 416 und steigen zunächst steiler hoch, dann wandern wir in stetem Auf und Ab dem markierten Höhenweg Richtung Westen. Die lange Querung, die uns immer wieder herrliche Ausblicke nach links und rechts gestattet, bringt uns zu einem **Sattel** 06 kurz unterhalb des **Halsköpfls** und zu einer Wegverzweigung. Wir folgen dem Pfad links hinab, umgehen einen Felsvorsprung und gelangen über enge Kehren hinab zum versteckt im Wald liegenden **Schwarzensee** 07.

Kurze Zeit später treffen wir auf die Verzweigung mit dem Sagereckstieg (Mark. 422). Wir halten uns links, passieren leicht ansteigend den **Grünsee** 08 und erreichen wenig später oberhalb des Sees einen kleinen Sattel. Weiter den Markierungen folgend geht es über die so genannte Himmelsleiter zum Funtenseesattel hinauf und dann leicht abwärts zum bald sichtbaren **Kärlingerhaus** 09 hinab.

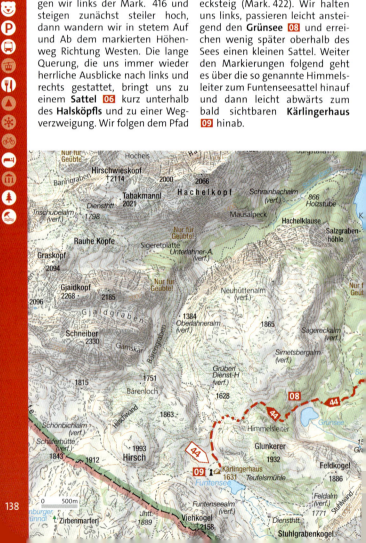

Wegkreuzung Sagerecksteig/Wasseralmweg.

HALSKÖPFL • 1719m

Panorama-Rundtour mit verträumten Seen, knackigen Steigen und einer herrlichen Königssee-Aussichtskanzel

START | Königssee (Parkplatz), mit dem Schiff zur Anlegestelle „Salet", 604 m [GPS: UTM Zone 33 x: 348.900 m y: 5.272.800 m]
CHARAKTER | Sehr abwechslungsreiche Rundtour: Leichter Auftakt am Obersee, dann über den steilen Röthsteig zur Wasseralm (bietet Übernachtungsmöglichkeit), Höhenwanderung zum aussichtsreichen Halsköpfl. Der Abstieg führt über den schattigen Sagereckssteig zurück nach „Salet". Abfahrtszeiten der Schiffe beachten, in Salet gibt es keine Übernachtungsmöglichkeit!

Nicht der Gipfel ist das Interessante an dieser Tour, obwohl das Halsköpfl – trotz seiner eher bescheidenen Höhe – eine wunderbare Aussicht auf den Königssee zu bieten hat, sondern es ist der Gesamtcharakter dieser Tour, die alles aufzuweisen hat, was man von einer schönen Bergwanderung erwartet: Die Schifffahrt zum Ausgangspunkt, der leichte und wunderschöne Auftakt am idyllischen Obersee entlang, der Auf-

Anlegestelle Salet.

01 Salet, 604 m; 02 Obersee, 613 m; 03 Fischunkelalm, 620 m; 04 Verzweigung Röthsteig, 900 m; 05 Wasseralm, 1416 m; 06 Halsköpfl, 1719 m; 07 Schwarzensee, 1568 m; 08 Saletalm, 604 m

stieg über den steilen Röthsteig, mit Ausblicken zum imposanten Wasserfall und dem einladenden Zwischenziel Wasseralm.

Hier kann man aus dieser langen Tagestour auch gut eine angenehme 2-Tages-Tour machen. Wer jedoch über genügend Kondition und Zeit verfügt, der erreicht nach einer abwechslungsreichen Höhenwanderung den aussichtsreichen Halsköpflgipfel und steigt dann, den verträumten Schwar-

Am Obersee.

Drahtseilpassage am Röthsteig.

zensee passierend über den stufenreichen Sagereckssteig hinab zur Anlegestelle, von der aus es mit dem Schiff zurück nach Königssee geht.

▶ Selbstverständlich starten wir in Königssee mit dem ersten Boot, um so früh wie möglich zur Anlegestation **Salet** 01 zu gelangen. Dort wandern wir auf dem markierten Weg zum **Obersee** 02 und

am rechten Ufer dem wurzeligen Pfad folgend in den Fischunkelkessel und an der **Abzweigung zur Fischunkelalm** 03 vorbei weiter. Der steile **Röthsteig** 04 bringt uns recht schnell hinauf und über flacheres und schattiges Waldgelände traversieren wir hinüber zur Wegverzweigung kurz oberhalb der bewirtschafteten **Wasseralm** 05. Hier können wir einkehren, bei Bedarf auch die Tour unterbrechen und übernachten.

Der Weiterweg führt in ständigem Auf und Ab als abwechslungsreiche zuletzt etwas stärker ansteigende Höhenwanderung, meist schön schattig, hinüber zum Sattel unterhalb des **Halsköpfls** 06.

Einkehr in der Wasseralm.

In wenigen Minuten gelangt man über einen steilen Hang auf den höchsten Punkt dieses kleinen, aber feinen Aussichtsberges.

Wieder hinab auf unseren Weg Nr. 416, einen Felsvorsprung umgehend, steigen wir anschließend zum kleinen, versteckt liegenden **Schwarzensee 07** hinab und erreichen auch kurz darauf die Verzweigung mit dem Anstiegsweg vom Königssee zum Kärlingerhaus.

Wir folgen der Markierung 422 nun rechts hinab und gelangen über die Hochfläche zum steileren und teilweise versicherten Sagereckssteig, der uns über viele Holzstufen und Kehren durch den schattigen Wald rasch hinableitet.

Man hat beim Absteigen immer wieder schöne Ausblicke auf den Königssee, kann den Schiffsverkehr auf dem Wasser beobachten und somit sein Abstiegstempo entsprechend anpassen.

Über Wiesen und vorbei an der **Saletalm 08**, die – wenn noch genügend Zeit vorhanden ist – zur Einkehr einlädt, erreichen wir die Anlegestelle Salet, wo unsere Fußwanderung endet.

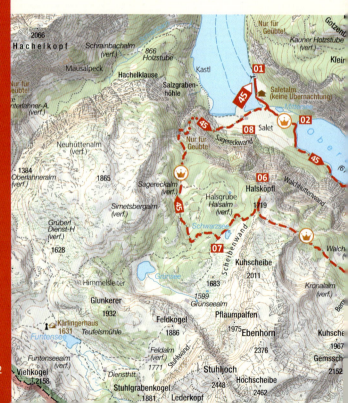

Wunderschöner Königsseeblick vom Halsköpfl.

VOM KÄRLINGERHAUS • 1631 m
ZUM RIEMANNHAUS • 2177 m

Der kürzeste Übergang durch das Steinerne Meer

 6 km   2:30 h   592 hm   45 hm   12,30

START | Kärlingerhaus, 1631 m
[GPS (Hütte): UTM Zone 33 x: 340.630 m y: 5.262.390 m]
CHARAKTER | Problemlose Pfade mit kurzen steileren Passagen durch Latschengebiet und eine beeindruckende Felslandschaft.

Der Weg über Baumgartl und Salzburger Kreuz (2135 m) ist nicht nur eine schöne, von Norden nach Süden verlaufende Hüttenverbindung, sondern der wohl am meisten frequentierte, leichteste und auch kürzeste Übergang von Berchtesgaden ins österreichische Pinzgau. Hier gewinnt man bei einem ständigen Auf und Ab einen nachhaltigen Eindruck von der karstigen Hochflächenlandschaft des Steinernen Meeres und seiner Besonderheiten: Seen, Teiche, Quellen und jede Menge felsiges Gelände.

Das Kärlingerhaus.

01 Kärlingerhaus, 1631 m; **02** Baumgartl, 1858 m; **03** Salzburger Kreuz, 2135 m; **04** Riemannhaus, 2177 m

▶ Vom **Kärlingerhaus** 01 geht es zunächst hinab zum Funtensee und auf markiertem Weg an dessen linker Uferseite entlang. Wir passieren die Abzweigung links hoch zum Feldkogel und folgen der Beschilderung nach rechts Richtung Riemannhaus.

Zunächst nur leicht ansteigend, wandern wir mit schönem Rückblick zum Funtensee auf einem schmalen Pfad durch grüne Wiesen. Der Weg wird dann steiler, die Wiesen gehen in Latschenbewuchs über und wir traversieren nun zunehmend schattiger im Wald nach rechts hinüber – mit einem letzten Blick hinunter zum Kärlingerhaus.

Nach Passieren der Wegverzweigung links Richtung Funtenseetauern und Wasseralm folgen nochmals zwei längere, leicht ansteigende Rechtstraversen, die durch eine steile Kehre unterbrochen werden. So gelangen wir zu einem Flachstück und treffen auf diesem sehr schönen, pflanzenreichen Wegstück auf eine Infotafel des Naturparks Berchtesgaden.

Aufstiegshilfen zum Baumgartl.

Am Ende dieser Flachpassage steigt der Pfad nach links an und wir gelangen über gut gestuften Fels auf ein grünes Hochplateau, das **Baumgartl** 02. Über eine alte Holzleiter – hier ist sogar ein dünnes Drahtseil angebracht – geht es steil hoch und wir folgen dem felsigen Pfad weiter über Felsstufen nach oben.

Vor uns liegt ein Felsgrat, auf den wir uns zuhalten, gelangen nochmals ansteigend auf ein weiteres Plateau, nun deutlich gerölliger und felsiger und vor allem auch

Der Übergang vom Latschen- ins Felsgelände.

Immer wieder sind felsige Barrieren zu überwinden.

Der steinige Weg führt am Salzburger Kreuz vorbei.

sonniger. Am Ende des Plateaus beginnt der kiesige Anstieg zum Grat hinauf. Oben geht es zuerst flach dahin, links unten ist ein verlandeter Teich zu sehen, zu einem schönen Rastplatz.

Über eine steilere Felsrinne gelangen wir auf das nächste Plateau und wandern leicht abwärts, vorbei an einem kleinen Teich rechts unterhalb des Weges. Es folgt anschließend eine Linkstraverse sowie ein kleiner Abstieg und dann steigen wir an einer Felswand entlang zu einer Drahtseilpassage, die über Felsstufen recht steil nach oben führt. Kurz darauf passieren wir das **Salzburger Kreuz** 03, das links oberhalb des Weges auftaucht.

Es geht relativ flach dahin, nur vereinzelte Steinstufen bringen uns etwas an Höhe. Zwei vor uns liegende Felsriegel werden noch überwunden, dann liegt das **Riemannhaus** 04 endlich vor uns.

Blick zum Sommerstein, kurz vor dem Riemannhaus.

47 RIEMANNHAUS • 2177 m – INGOLSTÄDTER HAUS • 2119 m

Auf dem Eichstätter Weg durchs Steinerne Meer

  6,5 km 2:45 h 257 hm 315 hm 12, 30

START | Riemannhaus, 2177 m
[GPS (Hütte): UTM Zone 33 x: 342.800 m y: 5.258.150 m]
CHARAKTER | Problemlose Pfade durch eine beeindruckende Felslandschaft; je nach Wetterlage ist zum Teil mit Altschneefeldern zu rechnen.

▶ Hinter dem **Riemannhaus** 01 leitet uns die Markierung 401 nach links, die ersten Meter leicht bergab. Dann verläuft der felsige Pfad meist recht flach durch das steinige Gelände. Wir folgen einem großen Linksbogen, und halten uns bei der Markierung „Peter-Wiechenthaler-Hütte/Weißbachlscharte/Ingolstäder Haus nach rechts; kurz darauf verlieren wir dann den Blickkontakt mit dem Riemannhaus. Über kleinere Altschneefelder geht es in leichtem Auf und Ab durch die gerölllige Felslandschaft. Der gut markierte Weg führt immer mal wieder leicht abwärts in Senken und an kleinen Felsriegeln vorbei. Das schränkt die unmittelbare Sicht auf den weiteren Wegverlauf oft ein, nicht aber auf die eindrucksvolle Bergwelt rundum. Steinmänner und Markierungspfosten geben uns zusätzliche Orientierungshilfe.

Wir erreichen ein größeres abfallendes Kar, vor uns baut sich imposant der Große Hundstod auf, links flankiert uns ein lang gestreckter Felszug. Über ein größeres Schneefeld traversieren wir

01 Riemannhaus, 2177 m; 02 Verzweigung Weißbbachlscharte, 2168 m;
03 Ingolstädter Haus, 2119 m

diese Senke, der Pfad schlängelt sich über Geröll durch die Felsen etwas steiler bergab. Am anderen Ende steigen wir über Felsstufen wieder hoch und traversieren dann rechts flach entlang einer Felswand linker Hand. An einer engen, abschüssigen Stelle muss man auch mal die Hände zu Hilfe nehmen.

Wenig später stoßen wir auf die **Abzweigung zur Weißbachlscharte** 02 (30 Min. nach links) und zur Peter-Wiechenthaler-Hütte (2 Std.).

Wir setzen den Weg mit Blick auf den Großen Hundstod fort, der uns die Richtung vorgibt. Es geht wieder steiler in eine Senke hinab, mit einer richtig felsigen Passage, rechts begleitet uns eine Felswand. Unterhalb dieser traversieren wir dann nach links und steigen in engen Kehren über den Geröllhang ab.

Nach der Talsenke führen uns Felsstufen wieder hoch, wir treffen auf Latschenbewuchs, insgesamt wird die Landschaft etwas grüner. Unterhalb eines rechts verlaufenden Latschengürtels wandern wir auf eine Felswand zu, die sich von links herüberzieht.

Wir steigen wieder leicht an, erreichen eine Hochfläche und sehen

Aus der Luft: Das Riemannhaus am Fuße des Sommersteins.

Die Wandergruppe ist zum Riemannhaus unterwegs und befindet sich kurz vor der Abzweigung zur Weißbachlscharte.

vor uns in der Ferne schon das Ingolstädter Haus. Es geht nach links, nochmals durch eine Senke und erneut hoch über einen kurzfristig wieder die Sicht versperrenden Felsriegel.

Vorbei an einem mit Gebetsfähnchen und einem Kreuz geschmückten Felsen erreichen wir wenige Minuten später das mitten in den Felsen thronende **Ingolstädter Haus** `03`.

Es sind noch einige Meter zurückzulegen, bevor man das inmitten des Felsenmeeres liegende Ingolstädter Haus erreicht.

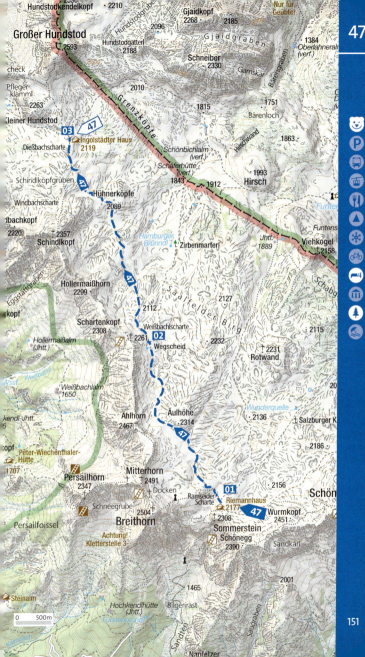

48 GROSSER HUNDSTOD • 2593 m

Auf den Hüttenberg des Ingolstädter Hauses

  3 km 2:45 h 475 hm 475 hm 14

START | Ingolstädter Haus, 2119 m
[GPS (Hütte): UTM Zone 33 x: 340.880 m y: 5.263.070 m]
CHARAKTER | Im ersten Teil grasiger Pfad, dann steiler, stellenweise geröliger und zunehmend felsiger Bergsteig.

Durch seine Gipfelhöhe, die ihn in der weiten Plateauebene über seine unmittelbaren Nachbarn erhebt, ist der Große Hundstod der bedeutendste Aussichtsberg am nordwestlichen Rand des Steinernen Meeres. Seine weithin sichtbare und charakteristische Gipfelform macht ihn zu einem der bekanntesten Orientierungspunkte bei der Gipfelbestimmung der südöstlichen Berchtesgadener Berge.

▶ Direkt hinter dem **Ingolstädter Haus** 01 beginnt der gut markierte Steig über Schotter. Er führt – unterbrochen durch Flachpassagen und kurze Abstiege – immer

Der felsigere obere Anstiegsteil.

01 Ingolstädter Haus, 2119 m; 02 Hundstodscharte, 2296 m;
03 Großer Hundstod, 2593 m

wieder über Steilstufen hoch, je nach Wetterlage sind auch kleinere Altschneefelder zu überqueren.

Wir gelangen dann recht bald zur **Hundstodscharte** 02, einer Hochfläche mit grüner Wiese, von der aus der weitere, in steilen Serpentinen am Berghang hinaufführende Anstiegsweg gut zu erkennen ist. Nach einer kurzen Abwärtspassage erreichen wir eine Verzweigung, links ist Hochwies, rechts Hundstod mit roter Farbe auf einem Felsen markiert. Nun beginnt der kiesige, kehrenreiche und steile Aufstieg über den geröligen Felshang.

Nach einem Marterl umrunden wir rechtsherum einen Felsblock und klettern eine Steilstufe hoch. Über Geröll und Schotter gewinnen wir ansteigend schnell an Höhe und können auch bald über uns das Gipfelkreuz erkennen.

Der obere Teil ist nochmals sehr geröllig, bis wir den Grat erreichen und kurz darauf am markanten,

Fantastische Gipfelschau, rechts der Hochkalter.

mit einem großen Edelweiß verzierten Gipfelkreuz des **Großen Hundstod** 03 stehen. Rechts in der Verlängerung des Gipfelgrates steht ein Gipfelsteinmann und eine Tafel als weitere Gipfelmarkierung.

Das Panorama ist gewaltig: Hochkalter, Watzmann, Schönfeldspitze, Hochkönig sowie Loferer Steinberge und Glocknergruppe.

Der **Abstieg** verläuft über den Anstiegsweg.

49 INGOLSTÄDTER HAUS • 2119 m – KÄRLINGERHAUS • 1631 m

Die West-Ost-Hüttenverbindung im Steinernen Meer

 5,5 km 2:30 h 94 hm 583 hm 14

START | Ingolstädter Haus, 2119 m
[GPS (Hütte): UTM Zone 33 x: 340.880 m y: 5.263.070 m]
CHARAKTER | Meist abwärtsführender Bergpfad durch Felsen und Schotter, im letzten Teil grüner, mit steilerem Abstieg durch Latschengelände.

▶ Vom **Ingolstädter Haus** 01 geht es zunächst – oft selbst im Hochsommer noch an Altschneeresten vorbei – leicht bergab, zwischen Felsen hindurch. Linker Hand erhebt sich der Große Hundstod. In einem großen Rechtsbogen erreichen wir eine grasige relativ ebene Fläche. Die Stille wird hier vereinzelt unterbrochen durch das Gebimmel weidender Schafe. Rechts hinüber ist stets das Ingolstädter Haus schön zu sehen.

Wir folgen den Markierungen auf einem meist leicht fallenden Weg durch das felsig-schottrige Gelände, nur hin und wieder sind kleine Gegenanstiege zu meistern. Nach einer größeren Geröllhalde halten wir uns auf das Felsmassiv zu, das sich rechts vom Großen Hundstod erstreckt. Wir gehen diesen Geröllkessel ganz aus, bis wir vor der Felswand nach rechts traversieren.

Nachdem wir die **Wegverzweigung zum Trischübel** über das

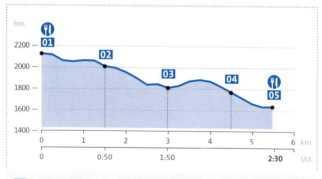

01 Ingolstädter Haus, 2119 m; 02 Abzweig. Hundstodgatterl, 2002 m; 03 Abzweig. Weißbachlscharte, 1802 m; 04 Abzweig. Viehkogel, 1762 m; 05 Kärlingerhaus, 1631 m

Das Ingolstädter Haus mit dem Großen Hundstod links.

Hundstodgatterl 02 passiert haben, geht es einen Hang in Kehren steiler bergab – hier verlieren wir auch kurzzeitig den Blick zum Ingolstädter Haus. Nach einem kurzen Gegenanstieg senkt sich der Weg nochmals, recht steil, am Fuß einer Felswand entlang. Der mit Steinen durchsetzte kiesige Pfad ist ziemlich schmal und geröllig.

Es geht dann nochmals bergab in eine weitere Senke, am Fuß der Felswand entlang. Das felsige Terrain wird nun deutlich grüner. Der Pfad schlängelt sich durch Felsen hindurch von Senke zu Senke abwärts, unterbrochen nur durch kurze Anstiege.

Wir erreichen schließlich erneute eine ebene grüne Fläche und die Wegverzweigung mit der Peter-Wiechenthaler-Hütte/**Weißbachlscharte** 03 nach rechts. Auch von hier ist in der Ferne immer noch das Ingolstädter Haus zu erkennen.

Vor uns ist ein Teil des Anstiegsweges zum Viehkogel gut zu erkennen. Der Weg fällt wieder

Lange ist das Ingolstädter Haus in der Ferne zu erkennen.

Weg-Umleitung kurz vor dem Abstieg zum Kärlingerhaus.

leicht ab in eine latschenbewachsene Senke und wir stoßen auf ein Schild, das uns auf die Verlegung des Weges hinweist. Aus Erosionsgründen ist der Weiterweg geradeaus gesperrt und verläuft nun auf einem schmalen felsigen Pfad durch die Latschen rechts hinab.

In teilweise steilen Stufen geht es am Fuß des Viehkogels entlang, bis wir die **Abzweigung zum Viehkogel 04** nach rechts passieren. Kurz darauf, es geht zunächst wieder leicht bergab, ist auch das Kärlingerhaus schon zu sehen.

In gerölligen engen Kehren steigen wir dann steil bergab, überqueren eine grasige Senke und wandern hinüber zum Anstiegsweg vom Königssee. Nach wenigen Minuten haben wir das **Kärlingerhaus 05** erreicht.

Regen kündigt sich am Funtensee an, der durch seine Kälterekorde überregional bekannt ist.

VIEHKOGEL • 2158 m

Imposanter Aussichtsberg mit „leichter" Rückseite

  6 km 3:15 h 532 hm 532 hm 14

START | Kärlingerhaus, 1631 m
[GPS (Hütte): UTM Zone 33 x: 340.630 m y: 5.262.390 m]
CHARAKTER | Steiler Anstieg bis zur Abzweigung, dann problemloser Steig, stellenweise karstige und schuttige Platten.

Blick vom Kärlingerhaus zum Viehkogel.

Wer sich einen ganz besonderen Überblick über das Steinerne Meer verschaffen will, sollte sich die rund 500 Höhenmeter zumuten, um auf einen der leichtesten Aussichtspunkte innerhalb der Karsthochebene zu gelangen.

Vom Bärengraben bzw. vom Funtensee aus beeindruckt der Viehkogel zwar durch eine imposante Felsgestalt und verbirgt erfolgreich seine sehr viel leichtere Zugangsmöglichkeit von Süden her, von wo er nur als eine unscheinbare Erhebung im Hochplateau des Steinernen Meeres auszumachen ist. Der Viehkogel ist bei einem Besuch des Kärlingerhauses – besonders natürlich bei einer Übernachtung – ein lohnendes und schnelles Gipfelziel und liegt genau auf der Grenze des Nationalparks, die hier auch die Grenze zwischen Deutschland und Österreich markiert.

▶ Wir verlassen das **Kärlingerhaus** 01 auf dem Verbindungsweg zum Königssee, biegen dann bald nach links ab und wandern durch die offene Wiesensenke zum Wald hinüber. Auf einem steilen, gerölligen und kehrenreichen Steig fol-

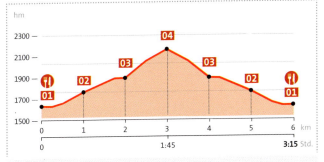

- **01** Kärlingerhaus, 1631 m; **02** Abzweig. Hüttenverbindungsweg, 1759 m;
- **03** Viehkogeltalhütte, 1892 m; **04** Viehkogel, 2158 m

gen wir der Markierung 412, dem Weg zum Ingolstädter Haus, hoch auf einen Sattel. Kurz nachdem wir oben angekommen sind, verlassen wir den Hüttenverbindungsweg bei einer ausgeschilderten **Verzweigung** **02**, biegen links ab und halten uns, die Felsen linker Hand, in Richtung Süden.

Wir passieren die **Viehkogeltalhütte** **03** und setzen – uns weiterhin links haltend – die Umrundung des Viehkogels fort. Stetig ansteigend über schrofige und schuttige Platten gelangen wir in den Rücken des Berges und nähern uns dem Gipfel von Süden. Den höchsten Punkt des **Viehkogels** **04** betreten wir unschwierig über den leicht geneigten und grasigen Gipfelhang.

Der Blick nach Norden, hinunter zum Funtensee und weit hinaus zum Königssee ist ebenso beeindruckend wie die Rundumsicht über die unwirtliche Hochebene des Steinernen Meeres.

Beim **Abstieg** sollte man sich an den bekannten und markierten Anstiegsweg halten und die sichtbaren Begehungsspuren unmittelbar unter dem Gipfelhang, die nach Osten und weiter hinüber zum Hüttenverbindungsweg Kärlingerhaus–Riemannhaus weisen, ignorieren.

ALLES AUSSER WANDERN

MEINE TIPPS FÜR ...

...schlechtes Wetter

Almbachklamm
Am Fuß des Untersbergs auf dem Gemeindegebiet von Marktschellenberg gelegen, 1894 erbaut, rund 2,5 km lang. Das Gefälle von 200 m macht 320 Stufen, einen Tunnel, 168 m Nischenwege und 29 Brücken erforderlich. Bis 1963 wurde Holz (Nutz- und Brennholz bis zu einer Länge von 4,50 m) durch die Klamm gedriftet; dazu wurde die „Theresienklause" genannte Staumauer am oberen Klammteil erbaut. Das Gasthaus Kugelmühle ist Ausgangspunkt für eine etwa zweistündige Wanderung, u.a. zur seit 1683 bestehenden Kugelmühle, die als der letzte Betrieb ihrer Art in Deutschland schöne Marmorkugeln fertigt. Klamm und Kugelmühle sind vom 1.5.–31.10. ganztägig geöffnet.

Alte Saline mit Salzmuseum
an der Salinenstraße, 83435 Bad Reichenhall, Tel. 08651/7002146, Fax: -/700254, www.alte-saline-bad-reichenhall.de Geöffnet 1.5.–31.10. tägl. 10–11.30 und 14–16 Uhr, 1.11.–30.4. Di–Fr u. 1. So im Monat 14–16 Uhr (an Feiertagen teils besondere Öffnungszeiten, erkundigen!), Dauer der Besichtigung mit Führung ca. 1 Std. (Kombikarte mit Salzbergwerk Berchtesgaden möglich!).

Bad Reichenhaller Glashütte
In der Alten Saline 12, 83435 Bad Reichenhall, Tel. 08651/69738, Fax 08651/69739; Öffnungszeiten: Mo–Fr 9.30–18 Uhr, Sa 9–13 Uhr.

Marktschellenberger Eishöhle
Die Schellenberger Eishöhle, 1570 m hoch unterhalb des Salzburger Hochthrons gelegen, ist die größte erschlossene Eishöhle Deutschlands. Besich-

Die Alte Saline in Bad Reichenhall.

Der Hintersee mit dem angrenzenden Zauberwald ist ein beliebtes Ausflugsziel

tigung ca. 45 Min. (warme Kleidung!), stündliche Führungen von Pfingsten bis Oktober von 10–16 Uhr.
Der Aufstieg vom Schellenberger Wachturm (Paßthurm) dauert 2:30 Std., von der Untersbergbahn-Bergstation über den Thomas-Eder-Steig ca. 1:30 Std., von der Toni-Lenz-Hütte ca. 20 Min.
Info: www.eishoehle.de,

Hintersee
Schön gelegener Bergsee mit künstlerischer Vergangenheit (Malerkolonie des 19. Jhs.). Bootsausflüge, Naturlehrpfad Zauberwald (einer der 100 schönsten Geotope in Bayern!). Der Hintersee ist Ausgangspunkt für die Rotwild-Schaufütterung (an der Hirschbichlstraße im Klausbachtal inmitten eines 45 ha großen Wintergatters).
Infos: Kurverwaltung Ramsau, Tel. 08657/988920, www.ramsau.de.

Königssee
Der fjordartig eingebettete See ist 8 km lang, bis zu 1250 m breit und liegt 602 m über NN. Mit einer maximalen Wassertiefe von 190 m bleibt das Wasser auch im Hochsommer relativ kalt, da der See hauptsächlich durch unterirdische Zuflüsse gespeist wird; Wasseroberfläche 5,2 km^2. Die Königsseeflotte verfügt über 18 Elektroboote, mit 1650 Plätzen und befördert jährlich ca. 650.000 Personen. 3 Stationen werden angelaufen: Kessel (Bedarfshaltestelle); St. Bartholomä (35 Min.), Salet (Hin- und Rückfahrt ca. 2 Std.). Saisonabhängige Abfahrtszeiten. Info: Schifffahrt Königssee, Tel. 08652/ 963618, www.seenschifffahrt.de.

Maria Gern, Wallfahrtskirche
Berühmte Marien-Wallfahrtskirche im Gerner Hochtal, erbaut 1708–1710 von einem unbekannten Salzburger

Der Königssee.

ALLES AUSSER WANDERN

Barockbaumeister, mit kunstvoller Barockausstattung, beliebter Ausgangspunkt für Wanderungen (Kneifelspitze) und ebenso beliebtes wie häufiges Fotomotiv.

Nationalpark Berchtesgaden
Nationalpark-Haus Berchtesgaden, Franziskanerplatz 7, 83471 Berchtesgaden, Tel. 08652/ 64343, Eintritt frei, geführte Wanderungen, geöffnet täglich 9–17 Uhr (außer Sonn- und Feiertage).

Dokumentationszentrum Obersalzberg
(www.obersalzberg.de) Salzbergstr. 41, 83471 Berchtesgaden, Tel. 08652/947960, Fax 947969, email: info@obersalzberg.de; ständige Ausstellung des Inst. für Zeitgeschichte München über die Geschichte des Obersalzberges u. die Nazi-Diktatur, geöffnet April–Okt. Mo–So 9–17 Uhr; Nov.–März Di–So 10–15 Uhr.

Roßfeldstraße
Mautpflichtige ringförmige Panoramastraße, die auf einer Länge von 15,2 km bis in eine Höhe von 1600 m hinaufführt. Zwei Anfahrtsmöglichkeiten: Obersalzberg bzw. Unterau, ganzjährig befahrbar.

Salzbergwerk Berchtesgaden
Bergwerkstraße 83, 83471 Berchtesgaden, Tel. 08652/60020, Fax 600260, www.salzbergwerk-berchtesgaden.de; Besichtigungsdauer mit Führung 1 Std. Zeitaufwand ca. 2 Std., täglich 11.30–15 Uhr (1.11., Weihnachten, Neujahr geschlossen).

Salzburger Freilichtmuseum
A-5084 Großgmain, Hasenweg, Tel. 0043-662/850011, Fax 8500119, automat. Tel.-Auskunft: 85001122, www.freilichtmuseum.com.
60 bäuerliche Originalbauten aus fünf Jahrhunderten, Erlebnisspielplatz u. v. a., geöffnet täglich (außer Mo) von 9–18 Uhr.

Sommerrodelbahn Hochlenzer
Am Obersalzberg, Scharitzkehlstr. 6, Fam. Maltan, 83471 Berchtesgaden, Tel. 08652/2105, Fax -/66164; www.hochlenzer.de.
600 m Länge, täglich von 10–20 Uhr (außerhalb der Saison kürzere Öffnungszeiten).

Thumsee
Westlich von Bad Reichenhall gelegen, knapp 1 km lang, Freibad. Der Seeab-

Im Nationalpark Berchtesgaden.

Am Schlossplatz in Berchtesgaden.

fluss bildet einen unter Naturschutz stehenden Moorweiher (Seemösl, üppiger Seerosenwuchs), oberhalb des Sees das Barockkirchlein St. Pankraz und die Burgruine Karlstein.

Watzmanntherme, Berchtesgaden
Bergwerkstr. 54, Badespaß auf 900 m², 80-m-Rutsche, Solebecken und sämtliche Bade- und Heileinrichtungen, durchgehend geöffnet täglich 10–22 Uhr; Tel. 08652/ 94640, www.watzmanntherme.de

Ruine Karlstein oberhalb des Thumsees.

HÜTTEN, ALMEN, BERGGASTHÖFE

Alpeltalhütte, 1100 m, Naturfreunde, (mit Kfz erreichbar), ganzjährig geöffnet, Tel. 08652/63077, www.alpeltalhuette.de

Blaueishütte, 1680 m, DAV, Tel./Fax 08657/271 (Hütte) oder -/546 (Tel./Tal), bewirtschaftet 15.5.–15.10., www.blaueishuette.de

Dr. Hugo Beck Haus (Jennerhaus), 1260 m, SK Berchtesgaden, Tel. 08652/2727, (mobil) 0160/7706341, ganzjährig bewirt. (außer November), www. dr-hugo-beck-haus.de

Gotzenalm, 1685 m, privat, Tel. 08652/690900 (von Mitte Mai–Mitte Oktober bewirtschaftet), Tel. privat März–Mitte Mai: 08652/62812; www.gotzenalm.de

Grünsteinhütte, 1200 m, privat, durchgehend bewirtschaftet von Mai – Ende Oktober, keine Übernachtung, Tel. 0171/8329328, www.gruensteinhuette.de

Hirschbichl (Bergheim, 1153 m, mit Kfz/Bus erreichbar), bewirtschaftet vom 1.5.–20.10. (außer Di), Tel. 00436582/8347, Fax: -/83471, www.hirschbichl.at

Ingolstädter Haus, 2119 m, DAV, Tel./Fax (Hütte) 0043-6582/8353, Tel. (Tal) 0043-664/8465629, von Mitte Juni–Anfang Oktober bewirtschaftet, www.ingolstaedter-haus.de

Jenner-Bergstation, 1802 m, privat, Tel. (0)8652/95830, ganzjährig bewirtschaftet, Restaurantbetrieb.

Kärlingerhaus, 1631 m, DAV, Tel. 08652/6091010 (nur bedingt erreichbar), Tel./Tal: 08650/513, bewirtschaftet von Mitte Mai–Mitte Oktober, www.kaerlingerhaus.de

Kehlsteinhaus, 1834 m, Tel. 08652/2969, www.kehlsteinhaus.de; mit Zubringerbus und Berglift erreichbar, bewirtschaftet von Mai bis Okt. (keine Übernachtung). RVO-Busse fahren in 20 Min. vom Parkplatz Hintereck am Obersalzberg zum Kehlstein; über einen 124 m langen Natursteintunnel gelangt man zu einem messingverkleideten Aufzug, der in 41 Sek. zum Kehlsteinhaus hochfährt, www.kehlsteinhaus.de

Königsbachalm, 1191 m (südlich vom Jenner), privat, Tel. 08652/5551, bewirtschaftet von Mai bis Oktober (keine Übernachtung).

Kührointhütte, 1420 m, privat, Tel. 0171-3533369; Fax: 08652/88268, bewirtschaftet von Anfang Mai–Ende Oktober (Übernachtungsmöglichkeit), www.kuehroint.com

Kugelbachbauer, 850 m, am Knogel bei Bad Reichenhall, ganzjährig bewirtschaftet, geöffnet 9.30–22 Uhr, Do+Fr Ruhetag. Tel. 08651/ 64292, www.kugelbachbauer.de

Listwirt, 570 m (zwischen Padingeralm und Listsee), ganzjährig bewirtschaftet (Dienstag Ruhetag), Tel. 08651/62400.

Latschenwirt (Ausflugsgasthof), 600 m, privat, ganzjährig bewirtschaftet (Mo+Di Ruhetag), Tel. 0043-6247/7351, www.latschenwirt-salzburg.at

Mitterkaseralm, 1705 m (am Jenner), privat, Tel. 08652/5100, bewirtschaftet ab 21. April bis Ende Oktober und Weihnachten bis Mitte April.

Padingeralm, 667 m, von Februar bis Dezember bewirtschaftet (Mo Ruhetag), Tel. 08651/7149835.

Paul-Gruber-Haus, 950 m, Selbstversorgerhütte der Naturfreunde, Tel. 0176/22203070 oder (0)8856/803000, www.paul-gruber-haus.de

Paulshütte, 1189 m (Berggasthof bei der Kneifelspitze), privat, Tel. 08652/62338, bewirtsch. von März bis Anfang November (tägl. 9–18 Uhr), ab Nov.–Anfang März nur Sa/So),
www.kneifelspitze-berchtesgaden.de

Predigtstuhl, Berghotel, 1607 m, privat, Tel. 08651/96850, ganzj. bewirtschaftet, www.predigtstuhlhotel.de

Purtschellerhaus, 1692 m, DAV, Tel. 08652/2420, bewirtsch. Mitte Mai–Ende Okt., www.purtschellerhaus.eu

Reichenhaller Haus, 1750 m, DAV, Tel. 08651/5566, bewirtschaftet von Mitte Mai–Mitte Okt.

Riemannhaus, 2177 m, DAV, bewirtschaftet von Mitte Juni–Anfang Oktober. Tel. 0043-664/3575284 (Hüttenwirt priv.), Tel. (Hütte) 0043-6582/73300, www.riemannhaus.de

Roßfeld-Skihütte, 1461 m, privat, Tel. 08652/948720, Fax: 08652/948719, ganzjährig bewirtsch. (im Sommer Mo Ruhetag), Nächtigungsmöglichkeit, www.rossfeld-skihuette.de

Saletalm, 605 m (am Südende des Königssees), privat, bewirtschaftet (Selbstbedienungsgaststätte) Ende April–Mitte Oktober; keine Übernachtungsmöglichkeit, Tel. 08652/63007, www.saletalm.de

Schärtenalm, 1362 m (zwischen Hintersee und Blaueishütte), privat, bewirtsch. von Mai–Oktober, Nächtigungsmöglichkeit, Tel. (0)8657/98385, www.schaertenalm.de

Schlegelmulde, Almgasthof, 15 Gehmin. von der Predigtstuhl-Bergstation entfernt, Tel. (0)8651/2127.

Schneibsteinhaus, 1670 m, privat, bewirtschaftet Anfang Mai –Ende Okt. Tel. 08652/2596, Fax: 08652/66918, www.schneibsteinhaus.de.

Königsbachalm, ein beliebtes Ziel am Königssee.

HÜTTEN, ALMEN, BERGGASTHÖFE

(Carl-von-)Stahlhaus, 1736 m, OeAV, email: stahlhaus@alpenverein-salzburg.at, Tel. 08652/6559922, ganzjährig bewirtschaftet.

Steineralm, 1090 m (am Nordfuß des Hochstaufens), privat, D-83451 Piding, bewirtschaftet von Mitte Mai bis Mitte Oktober.

Stöhrhaus, 1894 m, DAV, bewirtschaftet Ende Mai–Anfang Oktober, Tel. 08652/7233 (außerhalb der Saison 08652/983933), www.stoehrhaus.de

Toni-Lenz-Hütte (auch Schellenberger Eishöhlenhütte, 1450 m, privat, www.eishoehle.net), bewirtsch. Mitte Mai–Ende Okt. Tel. 0043-669/17003620, www.toni-lenz-huette.de

(Neue) Traunsteiner Hütte, 1560 m, DAV, Tel. 0171-4378919, von Mai bis Ende Oktober bewirtschaftet, www.traunsteinerhuette.com

Wasseralm, 1423 m, ganzjährig geöffnet, im Sommer bewirtschaftet, Tel. 08652/6019902 (Hütte), -/985802 (Tal)

Watzmannhaus, 1930 m, DAV, Tel. 08652/979444 (Tal), 08652/964222 (Hütte), bewirtschaftet Mitte Mai bis Mitte Okt. www.watzmannhaus.de

Watzmann-Ostwand-Hütte, 623 m, DAV, Selbstversorgerhütte bei St. Bartholomä (Übernachtung aber ausschließlich für Begeher der Watzmann-Ostwand).

Wimbachgrieshütte, 1327 m, Naturfreunde, Tel. 08657/344, Mitte Mai bis Mitte Oktober bewirtschaftet.

Wimbachschloss, 950 m, Tel. 08657/9839858, bewirtschaftet Mitte Mai bis Ende Oktober sowie Weihnachten und Ostern für 14 Tage.

Wolfschwang (Ausflugsgasthof), 700 m, privat, bewirtschaftet Ostern bis Dez., Montag Ruhetag, Tel. 0043-6247/20050, www.wolfschwang.at

Zeppezauerhaus, 1663 m, OeAV, Tel. 0043-662/629862, bewirtschaftet Anfang Mai bis Mitte Oktober, www.zeppezauerhaus.at,

Zwieselalm (Kaiser-Wilhelm-Haus), 1380 m, privat, Übernachtungsmöglichkeit, Tel. 08651/3107, bewirtschaftet von Mitte Mai bis Mitte Oktober.

Kührointhütte.

BERGBAHNEN

Drachen- und Gleitschirmflieger nutzen die Predigtstuhlbahn häufig.

Jennerbahn
25-minütige Gondelfahrt auf 1804 m in Zweierkabinen (Mittelstation auf 1200 m). Sommer 8–17.30 Uhr (letzte Bergfahrt 17.20 Uhr); Winter 9–16.30 Uhr, Dezember und Januar 9–16 Uhr. Panoramablick mit mehr als 100 deutschen und österreichischen Gipfeln, Tel. 08652/95810, Fax 958195, www.jennerbahn.de.

Predigtstuhlbahn
Seit der Erbauung 1928 beförderte die 25-Pers.-Kabinenbahn fast 6 Millionen Besucher. 150 Pers. können pro Std. mit einer Geschwindigkeit von 18 km/h befördert werden. Die Fahrzeit beträgt in beide Richtungen nur 8,5 Min., Strecke 2,4 km, Höhenunterschied 1100 m. Talstation in Bad-Reichenhall-Kirchberg: 470 m; Bergstation: 1583 m; Tel. 08651/2127, Fax 4384, www.predigtstuhlbahn.de

Obersalzbergbahn
Bergwerkst., 83471 Berchtesgaden, Tel. 08652/25 61, 12-Min.-Fahrt, 530 Hm, von 490 m bis 780 m (Mittelstation) und 1020 m; 9–17.30 Uhr, www.obersalzbergbahn.de.

Untersbergbahn
A-5083 Gartenau, Tel. 0043-6246/724770, Fax -/7247775, halbstündl. 1.7.–30.9. von 8.30–17.30 Uhr; Frühjahr 1.3.–30.6. (außer 27.3.–7.4.) u. Herbst 1.10.–1.11. von 8.30–17 Uhr; Winter 10.12.–28.2. von 9–16 Uhr. www.untersbergbahn.de.

Die 1961 in Betrieb genommene Untersbergbahn ist eine im Pendelverkehr betriebene Zweiseilbahn. Der Höhenunterschied von 1320 m ist außergewöhnlich, der höchste Abstand über Boden liegt bei 286 m; der Abstand zwischen Talstation und Stütze 1 beträgt 1,548 km! Talstation: 456 m, Bergstation 1776 m. Fahrzeit: 9 Min., Höchstgeschwindigkeit: 7 m/s; die maximale Förderleistung liegt bei 300 Personen pro Std. in einer Richtung.

Jennerbahn.

ÜBERNACHTUNGSVERZEICHNIS

€ unter 30 EUR €€ 30 - 60 EUR €€€ über 60 EUR
(pro Pers/DZ/incl. Frühstück)

Bad Reichenhall..Plz 83435, Tel. (0) 8651
Axelmannstein Hotel €€ Salzburger Straße 2-6, Tel. 7770,
www.axelmannsteinresort.de
Parkhotel Luisenbad Gesundheitshotel €€€ Ludwigstraße 33, Tel. 6040,
www.parkhotel.de
Salzburg Park Hotel €€€ Mackstr. 2, Tel. 9670, www.salzburg-parkhotel.com
Hotel Hofwirt €€ Salzburger Str. 21, Tel. 98380, www.hofwirt.de
Avalon Hotel €€ Bahnhofplatz 14, Tel. 7630, www.avalon-hotel-badreichenhall.com
Hotel Almrausch €€ Frühlingstraße 5, Tel. 96690, www.almrausch-bgl.de
Hotel Bayern €€€ Luitpoldstraße 8, Tel. 7060, www.hotel-bayern-vital.de
Pension Lex €€ Salzburger Str. 42, Tel. 2147, www.pensionlex.de
Pension Erika € Adolf-Schmid-Str. 3, Tel. 95360, www.hotel-pension-erika.de
Hotel Bergfried €€ Frühlingstraße 12, Tel. 95880, www.fuchs-hotels.de

Bayerisch Gmain .... Plz 83457, Tel. (0) 8956
Hotel Sonnenhof €-€€ Sonnenstr. 11, Tel. 959840, www.sonnenhof-bayern.de
Amberger-Steidle €€ Schillerallee 5, Tel. 98650, www.amberger-hotel.de
Hotel Post €€ Obere Bahnhofstraße 17, Tel. 98810, www.das-hotel-post.de
Hotel Klosterhof €€ Steilhofweg 19, Tel. 98250, www.hotelkloserhof.de
Hotel Garni Johanneshof €€ Untersbergstr. 6, Tel. 965860, www.hotel-johanneshof.de
Hotel „Rupertus €€ Rupertistr. 3, Tel. 97820, www.kurhotel-rupertus.de
Bräulerhof €-€€ Berchtesgadener Str. 60, Tel. 2923, www.braeulerhof.de
Pension Haus Lug ins Land €- €€ Sonnenstraße 24, Tel. 95940,
www.haus-lug-ins-land.de
Wierer Alfred €-€€ Großgmainer Straße 11, Tel. 62463, www.haus-taufkirchen.de

Berchtesgaden..Plz 83471, Tel. (0) 8652
Bavaria €€-€€€ Sunklergäßchen 11, Tel. 96610, www.hotelbavaria.net
Hotel Edelweiss €€€ Maximilianstraße 2, Tel. 97990,
www.edelweiss-berchtesgaden.de
Hotel Vier Jahreszeiten €€ Maximilianstraße 20, Tel. 9520,
www.hotel-vierjahreszeiten-berchtesgaden.de
Hotel Wittelsbach €€ Maximilianstr. 16, Tel. 96380, www.hotel-wittelsbach.com
Gasthof Salzberg €€ Bergwerkstraße 86, Tel. 6556245, www.hotel-salzberg.de
Hotel Grünberger €€ Hansererweg 1, Tel. 976590, www.hotel-gruenberger.de
Hotel Schwabenwirt €€ Königsseer Str. 1, Tel. 2022, www.hotel-schwabenwirt.de

---

Stoll's Hotel Alpina*S (€€-€€€),**
Ulmenweg 14-16, 83471 Schönau-Berchtesgaden,
☎ (08652) 65090, Fax (08652) 61608, info@stolls-hotel-alpina.com, www.stolls-hotel-alpina.com. 55 Zi., größtenteils m.Balkon.12.000 m² Garten m. Alpenblick, Sonnenliegewiesen. Restaurant m. Terrasse. Hallenbad, Freibad, Sauna, Infrarotkabine, Fitnessr., Massagecenter.

Hotel Demming ●● Sunklergäßchen 2, Tel. 9610,
www.hotel-demming-berchtesgaden.de
Hotel Binderhäusl ●-●● Am Wemholz 2, Tel. 5429, www.binderhaeusl.de
Pension Haus am Berg ●-●● Am Brandholz 9, Tel. 94920,
www.pension-hausamberg.de
Gasthof Waldluft ●● Bergwerkstraße 56, Tel. 95850, www.waldluft.de
Pension Grüßer ●● Hansererweg 18, Tel. 62609, www.pension-gruesser.de
Gästehaus Alpina ●-●● Ramsauer Straße 6, Tel. 6556842, www.alpina-bgl.de
Gästehaus Gregory ●● Oberschönauer Str. 66, Tel. 2326, www.pension-gregory.de

Grödig ....**Plz 83486, Tel. (0) 8657**
Hotel Untersberg ●● St. Leonhard, Dr.-Friedrich-Oedl-Weg 1, Tel. 72575,
www.hoteluntersberg.de

Königssee...**Plz 83471, Tel. (0) 8652**
Hotel Königssee ●● Seestr. 29, Tel. 6580, www.hotel.koenigssee.com
Alm- und Wellnesshotel Alpenhof Berchtesgaden ●●-●●● Richard-Voß-Straße 30,
Tel. 6020, www.alpenhof.de
Wellnesshotel Zechmeisterlehen ●●● Wahlstr. 35, Tel. 9450, www.zechmeisterlehen.de
Hotel Schiffmeister ●● Seestr. 34, Tel. 96350, www.hotel-schiffmeister.de
Hotel-Restaurant „Zur Seeklause" ●● Seestr. 6, Tel. 947860, www.koenigsseer-hof.de
Hotel Bergheimat ●● Brandnerstraße 16, Tel. 6080, www.hotel-bergheimat.de
Brunneck Gasthof und Hotel ●● Im Weiherermoos 1, Tel. 96310, www.brunneck.de
Hotel Köppeleck ●● Am Köppelwald 15, Tel. 9420, www.hotelkoeppeleck.de
Landhaus Sonnenstern ●● Punzenmoos 8, Tel. 5355, ww.landhaus-sonnenstern.de
Pension Hochödlehen ●● Hochödweg 7, Tel. 5427, www.hochoedlehen.de

Marktschellenberg...**Plz 83487, Tel. (0) 8650**
Zur Kugelmühle ●● Kugelmühlweg 18, Tel. 461, www.gasthaus-kugelmuehle.de
Haus Blum'reit ● Steinerweg 13, Tel. 1220, www.haus-blumreit.de
Hotel Lampllehen ●● Kedererweg 8, Tel. 844, www.lampllehen.de
Steinlehen ● Steinerweg 66, Tel. 454, www.steinlehen.de

Piding...**Plz 83451, Tel. (0) 8651**
Berggasthof Johannishögl ● Johannishögl 3, Tel. 397,
www.berggasthof-johannishoegl.de
Pension Erberbauer ● Gaisbergstr. 3, Tel. 1442, www.erberbauer.de
Familienparadies Neubichler-Alm ●●-●●● Am Neubichel 5-6,Tel. 08656-70090,
www.neubichler-alm.com
Campingplatz Staufeneck ● Strailachweg 1, Tel. 2134, www.camping-staufeneck.de

Ramsau ....**Plz 83486, Tel. (0) 8657**
Gasthaus Seeklause Hintersee ●● Am See 65, Tel. 919938,
www.hintersee-gasthaus-seeklause-de
Hotel Nutzkaser ●● Am Gseng 10, Tel. 388, www.hotel-nutzkaser.de
Hotel Wimbachklamm ●● Rotheben 5, Tel. 98880, www.hotel-wimbachklamm.de
Hotel Hochkalter ●● Im Tal 4, Tel. 9870, www.hochkalter.de
Gästehaus Martinsklause ●- ●● Im Tal 101, Tel. 268, www.martinsklause.de

Schneizlreuth..**Plz 83458, Tel. (0) 8651**
Mauthäusl ●● Mauthäusl 1, Tel. 98600, www.hotel-mauthaeusl.de
Haus Reiteralm ● Ulrichtsholz 9, Tel. 0160-96054918, www.haus-reiteralm.de
Gästehaus Rupertus ● Jochbergstr. 20, Weißbach, Tel. 08665-7747,
www.gaestehaus-rupertus.de

ORTE/TOURISMUSBÜROS

Bad Reichenhall
Tourist-Info
Wittelsbacher Str. 15
83435 Bad Reichenhall
Tel. (0)8651 6060
www.bad-reichenhall.de

Bayrisch Gmain
Tourist-Info
Großgmainer Str. 14
83457 Bayerisch Gmain
Tel. (0)8651 710420
www.bayerisch.gmain.de

Berchtesgaden
Tourist-Info
Maximilianstraße 9
83471 Berchtesgaden
Tel. (0)8652 9445300
www.berchtesgaden.de

Verkehrsamt Oberau
Rossfeldstraße 22
83471 Berchtesgaden-
Oberau
Tel. (0)8652 964960

Berchtesgadener Land
Tourismus GmbH

Bahnhofplatz 4
83471 Berchtesgaden
Tel. (0)8652 656500

Tourismusregion Berchtes-
gaden-Königssee
Königsseer Straße 2
83471 Berchtesgaden
Tel. (0)8652 9670

Bischofswiesen
Tourist-Info
Hauptstraße 40
83483 Bischofswiesen
Tel. (0)652 9772210
www.bischofswiesen.de

Grödig
Tourist Info Center
Gartenauer Str. 8
A-5083 Grödig-St. Leonhard
Tel. +43(0)6246 73570
www.groedig.net

Marktschellenberg
Tourismusverein
Salzburger Str. 2
83487 Marktschellenberg
Tel. (0)8650 988830
www.marktschellenberg.de

Piding
Tourist-Info
Petersplatz 2
83451 Piding
Tel. (0)8651 3860
www.piding.de

Ramsau
Gemeindeverwaltung
Im Tal 2
83486 Ramsau
Tel. (0)8657 98890
www.ramsau.de

Schneizlreuth
Tourist-Info
Berchtesgadener Str. 12
83458 Schneizlreuth
Tel. (0)8665 7489
www.schneizlreuth.de

Schönau a.Königssee
Tourismusamt
Rathausplatz 1
83471 Schönau Unterstein
Tel. (0)8652 4124
www.koenigssee.de/

Bei Bad Reichenhall.

Herrlicher Tiefblick auf St. Bartholomä und den Königssee.

REGISTER

A
Almbachklamm • 45, 160
Alpasteig • 90, 93
Alte Saline • 160
Archenkanzel • 38
Aschauer Klamm • 80
Aschauer Klause • 81

B
Bad Reichenhall • 56, 58,
62, 70, 76
Bartlmahd • 70
Baumgartl • 145
Bayrisches Stiegel • 68
Berchtesgadener Hochthron
• 43, 47
Bildstöcklkapelle • 62
Blaueisgletscher • 106
Blaueishütte • 106, 107, 108,
113, 116
Böslsteig • 102
Bürgermeisterhöhe • 77

C
Carl-von-Stahlhaus • 27

D
Dokumentationszentrum
Obersalzberg • 162
Dopplersteig • 52
Dötzenkopf • 62
Dreisesselberg • 58
Dürrlehen • 44, 47

E
Eckaualm • 110, 114
Eckersattel • 19
Edelweißlahnerkopf • 96, 97
Eichstätter Weg • 148
Eisbergscharte • 84, 96, 100
Eisbodenscharte • 110
Enzianhütte • 18

F
Falzalm • 124
Falzsteig • 124
Feldkogel • 134
Feuerpalfen • 31

Fischunkelalm • 137, 141
Fuderheusteingipfel • 64
Funtensee • 159

G
Gamsknogel • 72
Geiereck • 50
Gotzenalm • 31, 32
Gotzentalalm • 30
Grödig/Glanegg • 52
Grödig/St. Leonhard • 50
Großer Bruder • 88, 89
Großer Hundstod • 152, 153
Großes Häuselhorn • 90
Grünsee • 133, 138
Grünstein • 37
Grünsteinhütte • 37, 41

H
Haiderhof • 81
Hallthurm • 42, 60
Halsalm • 103
Halsköpfl • 138, 140, 141
Häuselhorn, Großes • 90, 92
Häuselhorn, Kleines • 90, 92
Hinterbrand • 25
Hinter-Ettenberg • 45
Hintergern • 44
Hintersee • 98, 102, 106,
118, 161
Hinterstaufen • 72
Hirschbichlstraße • 103, 118
Hochalm • 110, 114
Hochalmscharte • 114
Hocheck • 126
Hochkalter • 116, 117, 118, 120
Hochschlegel • 58
Hochstaufen • 64, 66, 68,
70, 71
Hoher Göll • 19, 21
Hohes Brett • 23
Hundstodgatterl • 154
Hundstodscharte • 153

I
Ingolstädter Haus • 148, 150,
152, 154

J
Jägerkreuz • 22
Jenner • 25
Jennerbahn • 35
Jenner-Bergstation • 22
Jochberg • 72

K
Kaiser-Wilhelm-Haus • 73
Kaminweg • 19
Karkopf • 58
Kärlingerhaus • 128, 129, 132,
133, 136, 138, 144, 145, 154,
156, 158
Kaunersteig • 32
Kehlsteinhaus • 20
Kessel • 30, 32
Kleinkalter • 117
Kohleralm • 75
König-Max-Weg • 101
Königssee • 35, 36, 38, 41,
128, 132, 136, 140, 161
Kugelbachbauer • 78
Kührointalm • 41
Kührointhütte • 124

M
Mairalm • 68, 69
Malerwinkel • 35
Mannlscharte • 19, 21
Mannlsteig • 20
Maria Gern • 161
Marktschellenberg • 48
Marktschellenberger Eishöh-
le • 160
Maximiliansreitweg • 42
Mayrbergscharte • 93
Mittagscharte • 55
Mittagsscharte • 49
Mitterkaseralm • 22, 23,
25, 124
Moosensteig • 56
Mulisteig • 73

N
Nationalpark Berchtesgaden
• 162

Neue Traunsteiner Hütte • 82, 84, 86, 87, 88, 89, 90, 93, 95, 96, 101

O
Obere Rositte • 52, 55
Oberjettenberg • 80, 86
Obersee • 137, 141
Ofental • 118, 119
Ofentalscharte • 119

P
Padingeralm • 70
Paßthurm • 48
Paul-Gruber-Haus • 78
Peter-Wiechenthaler-Hütte • 155
Pfaffenscharte • 22
Pfeifenmacherbrücke • 110
Pflasterbachhörndl • 76, 77
Piding • 64
Piding/Mauthausen • 68
Predigtstuhl • 57, 58
Predigtstuhlbahn • 77
Prünzlkopf • 104
Purtscheller Haus • 19

R
Rabensteinhorn • 76
Rabenwand • 35
Ramsau • 98, 102, 106, 110, 114, 118, 122
Regenalm • 32
Reibwände • 76, 78
Reichenhaller Haus • 66, 68, 70
Reiteralpe • 82, 86, 93, 96
Reiter Steinberge • 102, 104
Reitsteig • 30
Riemannhaus • 144, 147, 148
Rinnkendlsteig • 38
Roßfeldstraße • 162
Roßgasse • 90, 93
Röthbach-Wasserfall • 137
Röthsteig • 136, 137, 141
Rotofensattel • 60

S
Saalachstausee • 56

Sagerecksteig • 132, 138
Salet • 132, 136, 137, 140, 141
Saletalm • 142
Salzbergwerk Berchtesgaden • 162
Salzburger Freilichtmuseum • 162
Salzburger Hochthron • 50, 52, 55
Salzburger Kreuz • 147
Saugasse • 84, 128
Schapbachalm • 124
Schärtenalm • 107, 113
Schärtenspitze • 108, 109, 110
Scheibenkaseralm • 47
Schellenberger Eishöhle • 48
Schellenberger Sattel • 52, 55
Schießstätte • 62
Schlegelalm, Obere • 56
Schlegelalm, Untere • 56
Schlegelmulde • 57, 58
Schloss Staufeneck • 68
Schneibstein • 28
Schneizlreuth • 80, 82
Schöner Fleck • 116
Schrainbachholzstube • 128
Schrecksattel • 86, 87
Schrecksteig • 86
Schustersteig • 19
Schwarzbachwacht • 82, 101
Schwarzensee • 138, 142
Sommerrodelbahn Hochlenzer • 162
Stadtkanzel • 62
Stahlhaus • 22, 25
Stanglahnergraben • 114
Staufenbrücke • 64
St. Bartholomä • 38, 128
Steinberggasse • 95, 104
Steiner Alm • 68
Steinerne Agnes • 60
Steinerne Jäger • 65, 70
Steinernes Meer • 144, 148, 154
Stöhrhaus • 43, 47
Stöhrweg • 44
Stubenalm • 124

T
Taxamer Kreuz • 53
Teufelsbachschlucht • 77
Theresienklause • 45
Thomas-Eder-Steig • 49
Thumsee • 78, 162
Toni-Lenz-Hütte • 48, 52, 55
Trischübel • 129, 154
Türmereck • 62

V
Viehkogel • 156, 158, 159
Viehkogeltalhütte • 159
Villa Beust • 35

W
Wachterl • 82, 83
Wachterlsteig • 82, 101
Wagendrischelhorn • 93, 95
Wagendrischelkar • 104
Wanderparkplatz Jochberg • 72
Wappachkopf • 62
Wappachweg • 63
Wasseralm • 136, 137, 141
Wasserspaß • 80, 81
Watzmannhaus • 122, 124, 126
Watzmann-Mittelspitze • 126
Watzmanntherme • 163
Waxriessteig • 56
Weißbach • 72
Weißbachlscharte • 149, 155
Weitschartenkopf • 88
Wimbachbrücke • 114, 122
Wimbachklamm • 114, 122
Wimbachschloss • 114

Z
Zehnkaser • 42
Zehnkaseralm • 42
Zennokopf • 72, 75
Zeppezauerhaus • 51, 53
Zwiesel • 72, 75
Zwieselalm • 73

Panoramaaussicht vom Kehlsteinhaus, links der markante Untersberg, rechts

eht der Blick ins Salzburger Land.

IMPRESSUM

© KOMPASS-Karten, A-6020 Innsbruck (17.03)
3. Auflage 2017   Verlagsnummer 5438   ISBN 978-3-85026-945-2

Text und Fotos (soweit nicht anders angegeben): Walter Theil

Titelbild: Blick auf den Watzmann (Foto: JFL Photography, © www.fotolia.de)

Bilder S. 76, 79, 112, 149: Cosima Metner
Bilder S. 8, 16 oben rechts, 20, 174/175: Philipp Theil
Bild S. 13: Lia Mirlach

Grafische Herstellung: wt-BuchTeam
Wanderkartenausschnitte: © KOMPASS-Karten GmbH
Kartengrundlage für Gebietsübersichtskarte S. 10-11, U4:
© MairDumont, D-73751 Ostfildern 4

Alle Angaben und Routenbeschreibungen wurden nach bestem Wissen gemäß unserer derzeitigen Informationslage gemacht. Die Wanderungen wurden sehr sorgfältig ausgewählt und beschrieben, Schwierigkeiten werden im Text kurz angegeben. Es können jedoch Änderungen an Wegen und im aktuellen Naturzustand eintreten. Wanderer und alle Kartenbenützer müssen darauf achten, dass aufgrund ständiger Veränderungen die Wegzustände bezüglich Begehbarkeit sich nicht mit den Angaben in der Karte decken müssen. Bei der großen Fülle des bearbeiteten Materials sind daher vereinzelte Fehler und Unstimmigkeiten nicht vermeidbar. Die Verwendung dieses Führers erfolgt ausschließlich auf eigenes Risiko und auf eigene Gefahr, somit eigenverantwortlich. Eine Haftung für etwaige Unfälle oder Schäden jeder Art wird daher nicht übernommen. Für Berichtigungen und Verbesserungsvorschläge ist die Redaktion stets dankbar. Korrekturhinweise bitte an folgende Anschrift:

KOMPASS-Karten GmbH
Karl-Kapferer-Straße 5, A-6020 Innsbruck
www.kompass.de/service/kontakt